# 怪談《かいだん》バス

めちゃくちゃこわい99話《わ》

## あの世《よ》行《い》き

もくじ

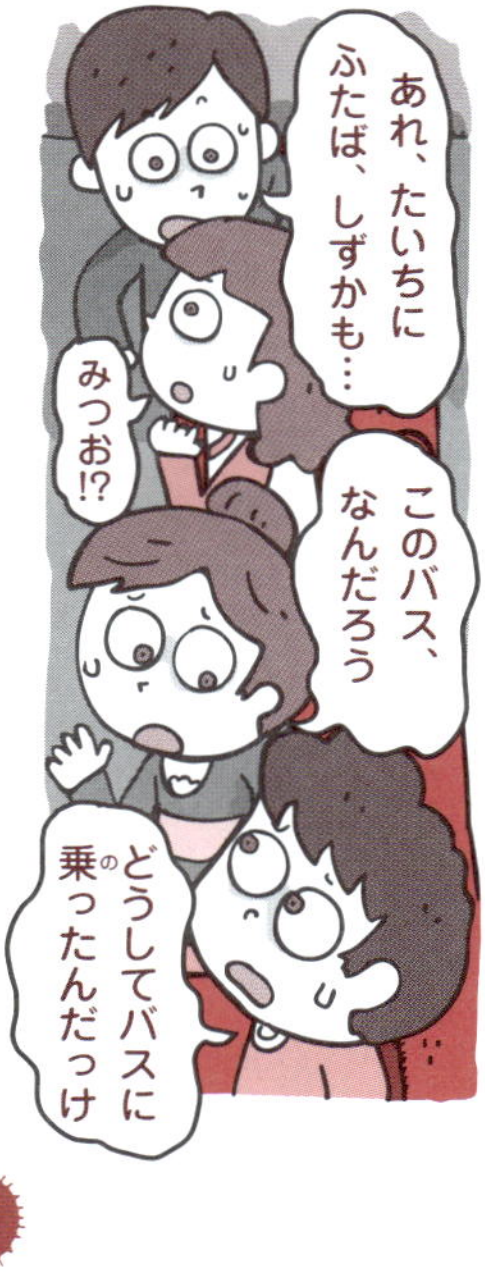

あれ、たいちに ふたば、しずかも…
みつお!?
このバス、なんだろう
どうしてバスに乗《の》ったんだっけ

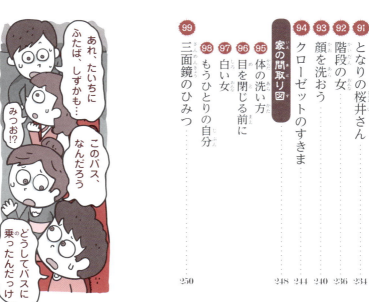

# 運転手《うんてんしゅ》あいさつ

ウヒヒ。このたびは、怪談《かいだん》バスあの世《よ》行《い》きにご乗車《じょうしゃ》いただき、まことにありがとうございます。

このバスでは、おおりいただくバス停《てい》は、わたくしが、決《き》めさせていただきます。必《かなら》ず、言《い》われたとおりにおおりください。きっとそこで、とてつもなく怖《こわ》い体験《たいけん》……いえいえ、なんでもありません。ウヒヒ。帰《かえ》れなくなるくらい、楽《たの》しい場所《ばしょ》ばかりでございます。

それでは、怪談《かいだん》バス、出発《しゅっぱつ》いたします。ウヒヒヒヒヒ……。

1章《しょう》
迷《めい》宮《きゅう》学《がっ》校《こう》前《まえ》
たいち、呼《よ》ばれてるよ！
どうして名前《なまえ》を知《し》ってるの…
たいちさん、ふたばさん、おおりください。ウヒ
学校《がっこう》…？
おりろって…
プシュー…

おりましたか。では、ドアを閉《し》めまあす。どうぞ、お気《き》をつけて。ウヒヒヒヒヒヒ……
バタン
ねえ、やっぱりおかしいよ。このバスなんなの？ここどこ？
ぼくもわかんない…。バスに乗《の》る前《まえ》のこともおぼえてないし。でも、きっとだいじょうぶだよ

# 1 校門《こうもん》くぐればアチラがわ

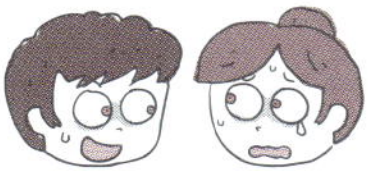


バスのとびらは閉《し》まってしまった。目《め》の前《まえ》には古《ふる》い学校《がっこう》がある。バスには引《ひ》き返《かえ》せないし、学校《がっこう》にむかうのもやだ。

「ねえ、たいち。女《おんな》の子《こ》がいるよ」

ふたばが指《ゆび》さすほうを見《み》ると、校門《こうもん》の向《む》こうがわに着物《きもの》すがたの女《おんな》の子《こ》がいた。こっちをむいて「おいでおいで」と手《て》まねきをしている。

「どうしよ、ふたば。行《い》ってみる？」

「ヤバくない？　だいじょうぶかな……」

「だいじょうぶだよ。あの子《こ》、足《あし》もあるし。行《い》こ」

ぼくももちろん怖《こわ》かったけど、男《おとこ》だからこういうときはカッコつけないと。近《ちか》よってみると、その女《おんな》の子《こ》はぼくらと同《おな》じくらいの年《とし》だとわかった。ぼくらが校門《こうもん》をくぐると、女《おんな》の子《こ》はうれしそうに笑《わら》った。

「ねえ、遊《あそ》ぼ……」

だれだかわからないけれど、校舎《こうしゃ》に入《はい》るのも怖《こわ》かったから、いっしょにそこで遊《あそ》ぶことにした。その子《こ》はハナちゃんというらしい。

「鬼《おに》ごっこでもする？　それとも、だるまさんが転《ころ》んだでもしよっか」

「だるまさん？　どうやるの？」

ふたばがルールを教《おし》えることになった。まずはぼくが鬼《おに》だ。校門《こうもん》を柱《はしら》にして、ふたりに背《せ》をむけた。

「だ・る・ま・さ・ん・が・こ・ろ・ん・だ」

なんか変《へん》だ。だるまさんが転《ころ》んだってさ、歩《ある》いてるポーズとかのまま、止《と》まるもんだろ。ハナちゃんはだんだん近《ちか》づいては来《き》てるけど、両手《りょうて》を体《からだ》にきちんとそろえて立《た》っているだけ。何度《なんど》ふりむいてもそうなんだ。棒《ぼう》のようにまっすぐ立《た》ったまま、すこしずつ近《ちか》づいてきている。

ふたばも変《へん》だと思《おも》ったようだ。

「ハナちゃん、いろんなポーズでストップするのが楽《たの》しいんだよ。ほら、あたしみたいに片足《かたあし》で立《た》ったりとかさあ」

「……しかたないの。わたし、柱《はしら》だから。まっすぐにしか立《た》てないの」

「柱《はしら》？」

「手《て》を体《からだ》にしばりつけられてね……地面《じめん》にうめられるの。深《ふか》く深《ふか》くほった穴《あな》の中《なか》に、まっすぐ立《た》たされて。どんなに叫《さけ》んでも泣《な》いても、助《たす》けてもらえないの……」

「ハナちゃん、なんの話《はなし》してんの？」

「苦《くる》しいの……上《うえ》から土《つち》をどんどんかけられてね……足元《あしもと》からどんどんうまっていくの。かたがうまって口《くち》がうまって、叫《さけ》ぶと口《くち》に土《つち》が入《はい》ってきたわ。そうして顔《かお》にも土《つち》がかけられて息《いき》もできなくなった……あたりはまっ暗《くら》。だれも助《たす》けてくれないの……」

ハナちゃんはそう言《い》ってふっとすがたを消《け》した。そして、つぎのしゅんかん――。

「ひっ！」

校門《こうもん》の下《した》の地面《じめん》から手《て》がにゅっとあらわれた。足首《あしくび》をつかまれて引《ひ》っぱられる。このままじゃ、地面《じめん》に引《ひ》きずりこまれる！
「ねえ、わたしといっしょに人柱《ひとばしら》になって。わたしたち、友《とも》だちでしょう？
いっしょに苦《くる》しんで、ねえ」
人柱《ひとばしら》？　聞《き》いたことがある。昔《むかし》、橋《はし》や建物《たてもの》をつくるときに、事故《じこ》が起《お》き
ないよう、いけにえとして人間《にんげん》を生《い》きたまま土《つち》にうめたんだって。
「やめろ！　はなせ！」
ハナちゃんの手《て》をなんとかふりほどいて、ぼくらは校舎《こうしゃ》ににげこんだ。
飛《と》びこんだところは、三年一組《さんねんいちくみ》と書《か》いてある教室《きょうしつ》だった。
ふとゆかを見《み》ると、古《ふる》い日誌《にっし》が落《お》ちていた。
気味《きみ》のわるい表紙《ひょうし》。見《み》たいなんて思《おも》っていない
のに、まるであやつられているように手《て》が日誌《にっし》
を拾《ひろ》いあげ、ページをめくった。

七月四日（火）

休み　一人

たいへんよくできました

## 2 黒《こく》板《ばん》

いつもは空《から》ぶきしかしない黒《こく》板《ばん》を、大《おお》そうじなので水《みず》ぶきすることにしました。ゴシゴシとふくと、ぞうきんがまっ赤《か》になりました。すすいだバケツの水《みず》は、どろどろで生《なま》ぐさく、鉄《てつ》のにおいもします。

キーーー、キキキキー！

カコがふざけて、黒《こく》板《ばん》につめを立《た》てました。

「うわ、つめのあいだに血《ち》のかたまりみたいなのがはさまった。キモイ」

すると、いつもまったく話《はな》さない、おとなしい小《こ》柳《やなぎ》さんがよってきて

「今《いま》、お母《かあ》さんの声《こえ》がした！　ここにいるって！」

つめで、黒《こく》板《ばん》を思《おも》いっきり引《ひ》っかきはじめました。

キキーー、キッキッキキ、キイーーーー！

みんな耳《みみ》をふさぎました。小柳《こやなぎ》さんのお母《かあ》さんは、五年《ごねん》くらい前《まえ》に、行方不明《ゆくえふめい》になったと聞《き》いています。小柳《こやなぎ》さんは、黒板《こくばん》の中《なか》に、まるでお母《かあ》さんがいるかのように、キーキーガリガリつめを立《た》てました。

「ちょっと、やめなよ小柳《こやなぎ》さん！　つめがとれて血《ち》が出《で》てるじゃない」

カコが止《と》めると、ものすごい力《ちから》でふりはらわれました。もうどの指先《ゆびさき》からも血《ち》がふき出《で》ています。だれかが先生《せんせい》を呼《よ》びにいきました。

しばらくすると、黒板《こくばん》から、赤《あか》いかたまりが、ぽろぽろとはがれ落《お》ち、中《なか》に白《しろ》い骨《ほね》が見《み》えました。小柳《こやなぎ》さんはうれしそうに叫《さけ》びました。

「お母《かあ》さん、見《み》ーつけた！」

がい骨《こつ》が何体《なんたい》もぬりこめられていました。そのなかの一体《いったい》がぐしゃりと小柳《こやなぎ》さんにたおれかかり、小柳《こやなぎ》さんはそれをそっとだきしめました。

九月十四日（月）

# 3 ギャラリーにいる

休み　二人

待《ま》ちに待《ま》った、新体育館《しんたいいくかん》でのはじめての体育《たいいく》です。ゆかはつるつるで、電気《でんき》をまぶしいくらいはねかえしています。最新《さいしん》の体育館《たいいくかん》に、窓《まど》はなく、空調《くうちょう》を完備《かんび》して、一年中《いちねんじゅう》気持《きも》ちよい温度《おんど》で運動《うんどう》できるそうです。

「よし、じゃあ、はじめるぞ」

と、体育《たいいく》の斉藤先生《さいとうせんせい》が言《い》ったとたんに、電気《でんき》が消《き》えました。窓《まど》がないので、いきなりのまっ暗《くら》やみです。となりの子《こ》の顔《かお》すら見《み》えません。

「どうしたの？」「ていでん？」「みんな、動《うご》くな！」

あちこちで不安《ふあん》そうな声《こえ》がします。先生《せんせい》の走《はし》る足音《あしおと》も聞《き》こえました。

「あった、あった、ブレーカー。つけるぞ」

天井《てんじょう》あたりで火花《ひばな》が散《ち》って、それから、パッといっせいに電気《でんき》がつきました。みんな、ほっとため息《いき》をつきました。

でも、今度《こんど》見《み》た体育館《たいいくかん》は、ぴかぴかの新体育館《しんたいいくかん》じゃなくて、古《ふる》ぼけた体育館《たいいくかん》でした。天井《てんじょう》の大《おお》きなしみ。あみのやぶれたバスケットゴール。

「あれ、これ、前《まえ》の体育館《たいいくかん》……？」

北《きた》がわのギャラリーで、ごとんと音《おと》がして、みんないっせいに上《うえ》を見《み》ました。ギャラリーにユニフォームすがたの男《おとこ》の子《こ》がいます。さびた手《て》すりに手《て》をついて身《み》を乗《の》り出《だ》し、体育館《たいいくかん》の入口《いりぐち》のほうを、じっと見《み》ています。

あれは……サトシ？　そう思《おも》ったとたん、つかんでいる手《て》すりが折《お》れ、サトシはゆかにたたきつけられました。みんな、悲鳴《ひめい》を上《あ》げました。

でもゆかにはなにもなく、つぎのしゅんかんにはサトシがまたギャラリーにいて、身《み》を乗《の》り出《だ》すとまた、ドサッ。……ドサッ……ドサッ……

くり返《かえ》される光景《こうけい》に、こおりついているぼくたちの耳《みみ》に、

「もくとう！」

という先生《せんせい》の叫《さけ》ぶような声《こえ》がひびきました。

はっとして、ぎゅっと目《め》をつむり、何秒《なんびょう》、何分《なんぷん》たったでしょう。ふたたび目《め》を開《あ》けたときには、体育館《たいいくかん》は、ぴかぴかの新体育館《しんたいいくかん》にもどっていました。みんな、今度《こんど》こそ、心《こころ》の底《そこ》からのため息《いき》をつきました。

体育館《たいいくかん》を建《た》てかえたのは、あの転落事故《てんらくじこ》があったから。新体育館《しんたいいくかん》にはしゃぐぼくたちに、あの事故《じこ》を忘《わす》れないでと出《で》てきたのかもしれません。

「ちがうよ。ケイをつれにきたんだ」

耳元《みみもと》で低《ひく》い声《こえ》がささやきました。ふり返《かえ》ると、サトシがいました。

あの夜《よる》、ぼくとサトシは、体育館《たいいくかん》でこっそりバスケの練習《れんしゅう》をする約束《やくそく》をしていました。でもぼくはお父《とう》さんに止《と》められ、行《い》かなかったんです。

サトシは、ギャラリーから落《お》ちて死《し》にました。ギャラリーに体育倉庫《たいいくそうこ》から出《だ》しておいたボールをかくしていたので、とりにいったのでしょう。ただ、どうして手《て》すりによりかかったのかは、わからなかったんです。

でも、わかりました。ぼくがいつ来《く》るかと、手《て》すりから身《み》を乗《の》り出《だ》して入口《いりぐち》をのぞきこんでいて、事故《じこ》は起《お》きたのです。

「サ、サトシ。ごめん。来《こ》なくて。あと、だれにも約束《やくそく》のこと言《い》えなかった、ごめん……」

「いいよ。これからふたりで、たっぷり練習《れんしゅう》しよう」

気《き》づくと、ぼくはギャラリーの上《うえ》に立《た》っていました。下《した》でサトシが、早《はや》く来《こ》いよと呼《よ》んでいます。ぼくはゆっくり、手《て》すりに足《あし》をかけました。

十一月九日（水）

# 4 おいしい給食《きゅうしょく》

ぼくたちの学校《がっこう》は小《ちい》さい学校《がっこう》ですが、給食《きゅうしょく》がとびきりおいしいと評判《ひょうばん》です。毎日《まいにち》全員《ぜんいん》が完食《かんしょく》、だれも残《のこ》す人《ひと》がいません。だから、おいしさのひみつが知《し》りたくて、みんな今日《きょう》の給食室見学《きゅうしょくしつけんがく》を楽《たの》しみにしていました。

調理《ちょうり》をしているのは、中山《なかやま》のおばちゃんひとりです。いつもにこにこやさしいおばちゃんです。みんな、どんどん気軽《きがる》に質問《しつもん》しました。

「どんな調味料《ちょうみりょう》をつかっていますか？」

「なにもとくべつなものはつかっていないの。給食《きゅうしょく》のこんだて表《ひょう》に書《か》いてあるとおり、しお、さとう、しょうゆ、みそがきほん。でも、だしをしっかりとって、うす味《あじ》でもおいしくなるようにしています」

たいへんよくできました

休み　一人

「でも、なんか家《いえ》で食《た》べるお肉《にく》より、すっごくおいしいと思《おも》います」

「あらあら、ありがとう。そうねえ、お肉《にく》をじゅくせいさせているからかな。死《し》んですぐの肉《にく》は、新鮮《しんせん》だけどおいしくないの。じゅくせい室《しつ》で温度《おんど》を管理《かんり》して、何日《なんにち》もねかせると、おいしい肉《にく》になるのよ」

「へー、すげえ！　じゅくせい中《ちゅう》の肉《にく》が見《み》たいな！」

大杉《おおすぎ》くんが言《い》ったとき、やさしかったおばさんの顔《かお》がかわりました。

「ダメよ！　肉《にく》は大《おお》きなじゅくせい室《しつ》で、かんぺきに温度管理《おんどかんり》されて、じっくりねかせているんです。開《あ》けたり、人《ひと》がおおぜい入《はい》ったりすると、温度《おんど》がかわって、せっかくの肉《にく》がくさってしまう」

いつになくきびしいおばちゃんを見《み》て、プロだなあと思《おも》いました。

ほかにも、地元《じもと》のこだわり野菜《やさい》や大《おお》きな調理器具《ちょうりきぐ》を見《み》せてくれました。

そして、ぼくと大杉《おおすぎ》くんが代表《だいひょう》で、エプロンとマスクをつけて、だしをとっている大《おお》なべを、かきまぜさせてもらうことになりました。

　大《おお》なべには、ガラスープがぐつぐつにえていました。はじめにぼくが大《おお》きなお玉《たま》で、ぐうる、ぐうると回《まわ》しました。スープでよく見《み》えませんが、中《なか》の鳥肉《とりにく》や骨《ほね》が重《おも》くて、なかなか回《まわ》りません。

　つぎに大杉《おおすぎ》くんにお玉《たま》をわたすと、さすが力持《ちからも》ち、ぐるん、ぐるんと回《まわ》しています。みんながはく手《しゅ》をすると、大杉《おおすぎ》くんは調子《ちょうし》に乗《の》って、お玉《たま》で骨《ほね》をすくって見《み》せました。湯気《ゆげ》がモクモク上《あ》がって、ぼくたちには見《み》えなかったのですが、大杉《おおすぎ》くんが大声《おおごえ》で言《い》いました。

「なんだこれが鳥《とり》？　人間《にんげん》のうでみたい、ほら、先《さき》に手《て》がある。肉《にく》がとけて、骨《ほね》だけど五本《ごほん》だし、指《ゆび》じゃないか？　手《て》みたい、えっ？」

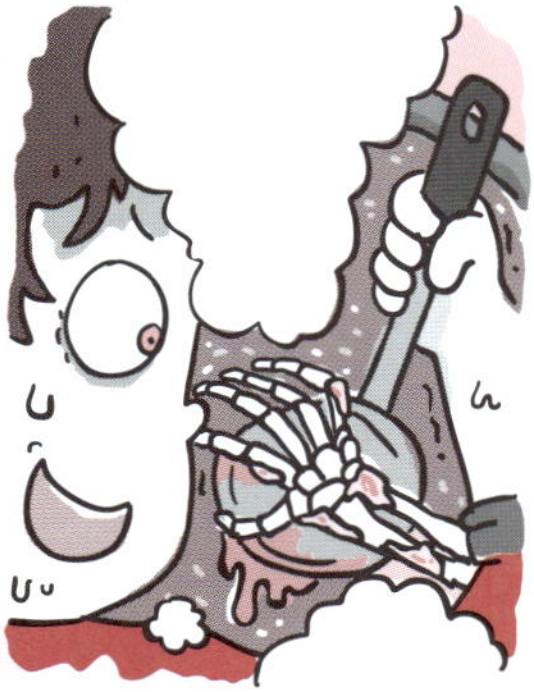

すると、おばちゃんが怖《こわ》い声《こえ》でどなりました。

「こら！　食《た》べ物《もの》で遊《あそ》んじゃいけない！　ほら、もう終《お》わり！」

大杉《おおすぎ》くんは、お玉《たま》をとり上《あ》げられました。チャイムが鳴《な》って、給食室《きゅうしょくしつ》見学《けんがく》の授業《じゅぎょう》は終《お》わりました。

それからです。大杉《おおすぎ》くんがきゅうにいなくなったのは。おこられて、ショックだったのかな？　先生《せんせい》が家《いえ》に連絡《れんらく》しても、帰《かえ》っていなかったそうですね。でもおばちゃんは、あやまったんです。ぼく、給食室《きゅうしょくしつ》を出《で》るとき、おばちゃんが大杉《おおすぎ》くんに話《はな》しかけているのが聞《き》こえたんです。

「おばちゃん、ついおこっちゃってごめんね。おわびに、お肉《にく》のじゅくせいを、君《きみ》にだけ、見《み》せてあげる」

大杉《おおすぎ》くんはたぶん、じゅくせいした肉《にく》を見《み》せてもらったはずです。中《なか》山《やま》のおばちゃんが、大杉《おおすぎ》くんのその後《ご》を知《し》っているかもしれません。

二月四日（金）

# 5 観察絵日記《かんさつえにっき》

理科《りか》の島先生《しませんせい》が行方不明《ゆくえふめい》になってから、しばらくつかわなかった理科《りか》室《しつ》を明日《あした》つかうので、理科係《りかがかり》のわたしと中村《なかむら》さんでそうじをしました。

島先生《しませんせい》は植物《しょくぶつ》が大好《だいす》きだったので、理科室《りかしつ》はちょっとした温室《おんしつ》でしたが、入《はい》ると、枯《か》れてしまった植物《しょくぶつ》がたくさんありました。

でも、なかには水《みず》がなくても大《おお》きくなっている植物《しょくぶつ》がありました。その植物《しょくぶつ》は、巨大《きょだい》なむらさきの美《うつく》しい花《はな》をさかせていました。

そばに、植物《しょくぶつ》の観察絵日記《かんさつえにっき》が落《お》ちていて、開《ひら》くと文字《もじ》は英語《えいご》でした。

わたしも中村《なかむら》さんも全然《ぜんぜん》わかりませんでしたが、ときどきわたしたちにもわかる単語《たんご》があります。「mouse:ネズミ」「rabbit:ウサギ」「cat:ネコ」

たいへんよくできました

休み三人

「dog:イヌ」などです。

細部《さいぶ》までえがかれた花《はな》の絵《え》を見《み》たら、花《はな》の中《なか》でネズミがおぼれていたり、イヌが入《はい》っていたり、ふしぎな絵《え》でした。

まじめなのか、ふざけているのかわからない島先生《しませんせい》を思《おも》い出《だ》して、しんみりしました。いったい、今《いま》どこにいるのでしょうか?

でもそんな暗《くら》い気持《きも》ちがふきとぶほど、大《おお》きな花《はな》からいいかおりがしてきて、中《なか》をのぞくと花《はな》のミツがたまっていました。中村《なかむら》さんが、

「ねえ、すくってのもうよ!　ぜったいジュースよりおいしいよ」

と言《い》うので、ふたりで花《はな》に頭《あたま》を入《い》れようとしたところで、チャイムが鳴《な》り教室《きょうしつ》にもどりました。

明日《あした》の休《やす》み時間《じかん》は、みんなであの花《はな》に頭《あたま》をつっこんで、ミツをがぶがぶのみたいです。

# 6 友《とも》だちのしるし

ぼくらは、恐《おそ》ろしい日誌《にっし》から顔《かお》を上《あ》げた。ふう、と深呼吸《しんこきゅう》をしたい気分《きぶん》だったのに、できなかった。いつのまにか教室《きょうしつ》の中《なか》には、ぼくと同《おな》じ年《とし》くらいの子《こ》どもたちがいて、ぼくらをとりかこんでいたんだ。

ぼくらは、めずらしいものでも見《み》るような目《め》でジロジロと見《み》られた。

「君《きみ》たち、転校生《てんこうせい》だってね？」

「男《おとこ》の子《こ》のほうは、中川《なかがわ》たいちくん」

「女《おんな》の子《こ》は山口《やまぐち》ふたばちゃん！　よろしくね」

なんで名前《なまえ》を知《し》ってるんだ？　転校生《てんこうせい》ってなんの話《はなし》？　教室《きょうしつ》には入《はい》った

けれど、転校《てんこう》なんてしていない。ぼくにはぼくの学校《がっこう》がある。

「ふたばちゃんとわたしの髪型《かみがた》、オソロだ！　うれしい」

「たいちくんとぼくはT《ティー》シャツがオソロ！　友《とも》だちになれそう」

「やっぱり、友《とも》だちなら、オソロだよね～」

そう言《い》って、女《おんな》の子《こ》がふたばにだきついた。ふたばははじめ、びっくりした顔《かお》をしていたのに、すぐにだらしなくにやけはじめた。友《とも》だち、友《とも》だち、とつぶやきながら笑《わら》っている。……なんか、変《へん》だ。

「ねえ、ふたばちゃん。これ、友《とも》だちのしるし。あげる」

女《おんな》の子《こ》が、ふたばになにかわたしている。ちょうどふたりの体《からだ》がじゃまになって、よく見《み》えない。

「ふたばちゃん、友《とも》だちなら、死《し》んでよ。でなきゃオソロじゃないもん」

ふたばがわたされたのは、血《ち》だらけの包丁《ほうちょう》だった。女《おんな》の子《こ》は、自慢《じまん》げに

T《ティー》シャツをめくっておなかを見《み》せている。さっきまでなんともなかったのに、今見《いまみ》ると、その子《こ》も、ほかの子《こ》も、おなかが血《ち》でグチャグチャだった。

オソロって、この子《こ》たち、みんな死《し》んでるってこと……？

「やった、やったあ。これでオソロにすればいいんだ。ね、たいちも、いっしょにやろ。でもわたしが先《さき》だよ、ふふ」

ふたばは、うれしそうに包《ほう》丁《ちょう》をおなかにむけている。

「ちょっと、どうしたんだよ！　オソロって……ふたば死《し》んじゃうよ！」

あわてて、包丁《ほうちょう》を持《も》つふたばの手《て》をつかんだけど、ものすごい力《ちから》でおなかに包丁《ほうちょう》を近《ちか》づけていく。まるで、ふたばじゃなくなったみたい……。

そのとき教室《きょうしつ》の戸《と》がガラッと開《ひら》いて「やめなさい！」とどなり声《こえ》がした。

そのとたん、キャハハハという高《たか》い笑《わら》い声《ごえ》とともに、子《こ》どもたちはけむりのようにフッと消《き》えた。

「あれは、この学校《がっこう》にすみついている悪霊《あくりょう》なんですよ。もとは、昔《むかし》この学《がっ》校《こう》にかよっていた子《こ》どもたちなんですけどね。子《こ》どもを見《み》つけるとすぐに殺《ころ》そうといたずらをするんです。あぶないところでした。でも、もう安心《あんしん》してください。あなたたちに自殺《じさつ》などさせませんから」

よかった、どうやら助《たす》かったみたいだ。ぼくとふたばは、校長室《こうちょうしつ》と書《か》かれた部屋《へや》に通《とお》された。

「さあ、こちらでお茶《ちゃ》でもどうぞ」

# 案内図《あんないず》

## 7 トイレのかがみ

トイレのかがみに、白《しろ》い着《き》物《もの》の女《おんな》がうつる。目《め》をあわせると三日《みっか》以内《いない》に狂《くる》い死《じ》にする。学校《がっこう》がわはかくしているが、しょっちゅう起《お》こる事件《じけん》だ。

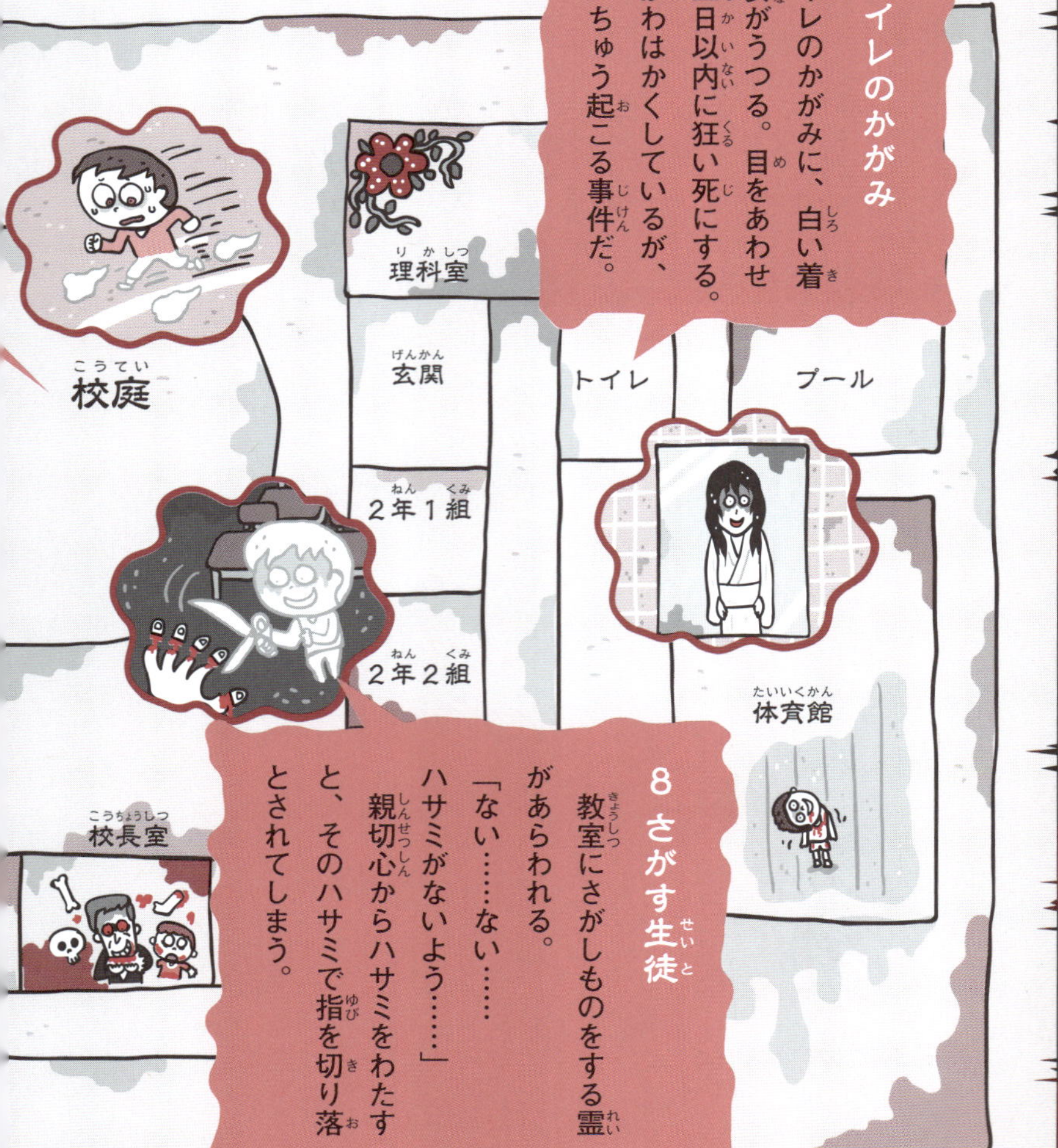


## 8 さがす生徒《せいと》

教室《きょうしつ》にさがしものをする霊《れい》があらわれる。

「ない……ない……ハサミがないよう……」

親切心《しんせつしん》からハサミをわたすと、そのハサミで指《ゆび》を切《き》り落《お》とされてしまう。

# 迷宮学校《めいきゅうがっこう》

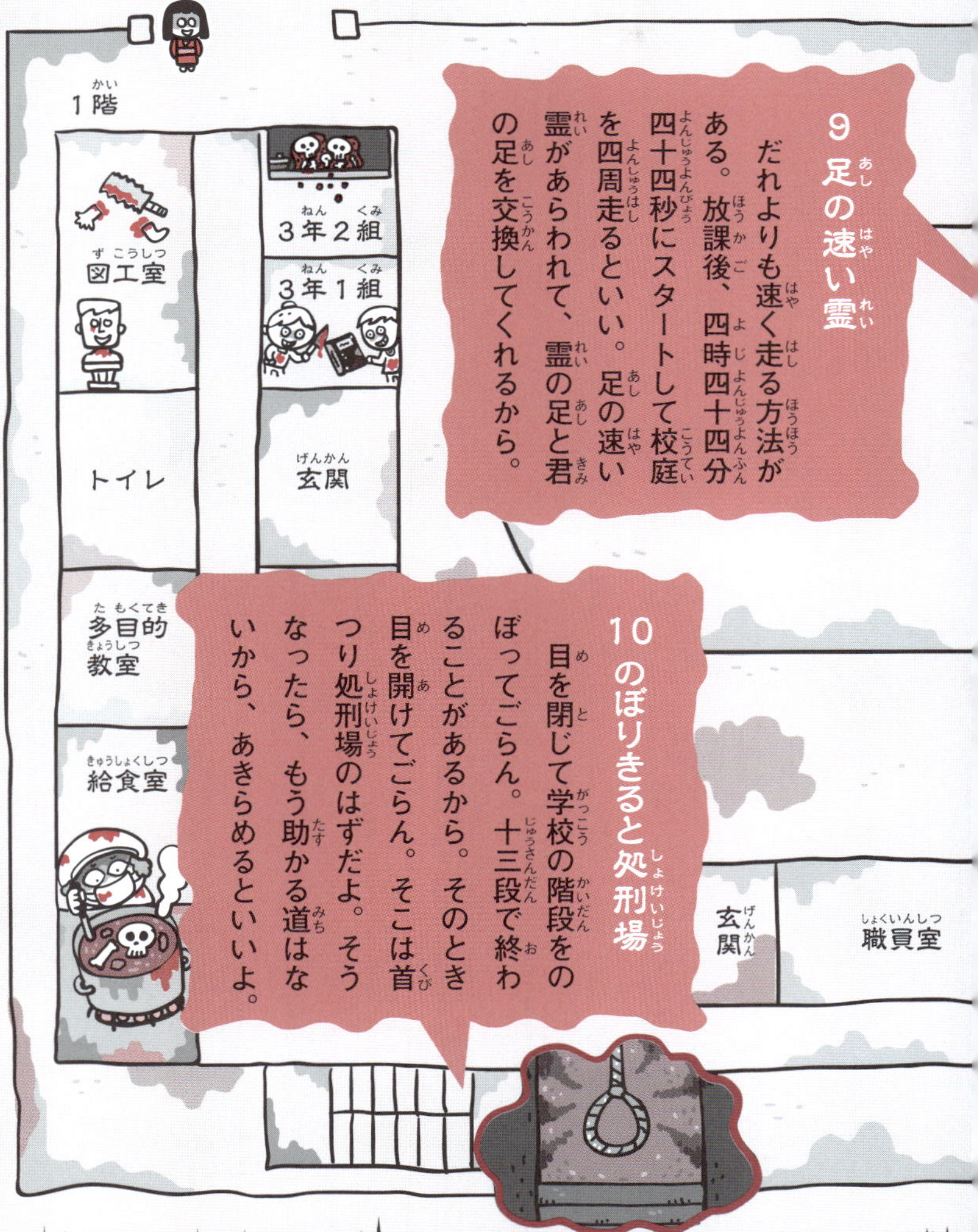


## 9 足《あし》の速《はや》い霊《れい》

だれよりも速《はや》く走《はし》る方法《ほうほう》がある。放課後《ほうかご》、四時四十四分《よじよんじゅうよんふん》四十四秒《よんじゅうよんびょう》にスタートして校庭《こうてい》を四周《よんしゅう》走《はし》るといい。足《あし》の速《はや》い霊《れい》があらわれて、霊《れい》の足《あし》と君《きみ》の足《あし》を交換《こうかん》してくれるから。

## 10 のぼりきると処刑場《しょけいじょう》

目《め》を閉《と》じて学校《がっこう》の階段《かいだん》をのぼってごらん。十三段《じゅうさんだん》で終《お》わることがあるから。そのとき目《め》を開《あ》けてごらん。そこは首《くび》つり処刑場《しょけいじょう》のはずだよ。そうなったら、もう助《たす》かる道《みち》はないから、あきらめるといいよ。

# 11 校《こう》長《ちょう》先《せん》生《せい》のごしゅみ

運転手《うんてんしゅ》

ウヒヒ……ふたりが部屋《へや》に入《はい》りましたよ。校長先生《こうちょうせんせい》もさぞおよろこびでしょう。ウヒヒヒ……。先生《せんせい》は昔《むかし》、やさしい人《ひと》だったそうなんですけどねえ。え？　今《いま》もやさしそうだし、ふたりを助《たす》けたじゃないかって？　助《たす》けたように見《み》えますか？　ウヒヒ。ではお話《はな》ししましょうか。まあわたくしも、人《ひと》から聞《き》いた話《はなし》なんですけどね……ウヒヒ。

昼休《ひるやす》みのことです。鉄《てつ》ぼうから落《お》ちてけがをした男《おとこ》の子《こ》がいたんだそうです。校長先生《こうちょうせんせい》はその子《こ》を保健室《ほけんしつ》につれていこうと、かけよりました。しかし、ひざから流《なが》れるまっ赤《か》な血《ち》を見《み》たとたん、目《め》の色《いろ》をかえたんです。

先生《せんせい》ののどが「ゴクリ」と動《うご》きました。きず口《ぐち》にくちびるを近《ちか》づけ、流《なが》れる血《ち》を吸《す》いとると、保健室《ほけんしつ》ではなく校長室《こうちょうしつ》にその子《こ》をつれていきました。そしてその子《こ》は、校長室《こうちょうしつ》から出《で》てくることはありませんでした。

それからというもの、先生《せんせい》は人《ひと》が部屋《へや》に入《はい》るのをきらうようになり、いつもカギをかけるようになりました。でもウッカリしていたんでしょう、ある日《ひ》、カギが開《あ》いていましてね。長《なが》くそうじをしていませんでしたから、用務員《ようむいん》さんが中《なか》に入《はい》りました。そこで彼《かれ》が見《み》たものは……ウヒヒ。

——ゆかに転《ころ》がった無数《むすう》の死体《したい》。白骨《はっこつ》だけになったものもあれば、肉片《にくへん》がくっついているものもありました。部屋《へや》はくさった死体《したい》でひどいにおいです。先生《せんせい》はそこにしゃがみこんでいました。ゆっくりとふりむいた先生《せんせい》の顔《かお》。口《くち》のまわりを血《ち》だらけにして、なにかにむしゃぶりついている。そうです、子《こ》どもを食《た》べていたのです。先生《せんせい》は静《しず》かに言《い》いました。

「見《み》ましたね。あの日《ひ》、血《ち》がおいしそうに見《み》えたのがはじまりでした。人《ひと》の肉《にく》の味《あじ》は、一度知《いちどし》ればやめられるものではありません。うふふふふ」

用務員《ようむいん》さんはあわてて校長室《こうちょうしつ》をとびだして、警察《けいさつ》に電話《でんわ》をかけました。でも警察《けいさつ》がやってきたときには、校長室《こうちょうしつ》はもぬけのから。必死《ひっし》に捜索《そうさく》しても、先生《せんせい》は見《み》つからなかったそうで……ヒヒ。それからこの小学校《しょうがっこう》は、廃校《はいこう》になりましてね。しかしその後《ご》も、子《こ》どもの行方不明事件《ゆくえふめいじけん》はあとをたちません。夜中《よなか》に校長室《こうちょうしつ》にあかりがともっているのを見《み》た、なんて人《ひと》もいてね。ヒヒヒヒ。おや？　今《いま》、校長室《こうちょうしつ》から悲鳴《ひめい》が聞《き》こえましたよ。あのふたり、どうなったんでしょうね？　ヒヒ。ユカイユカイ。

さて、またお客《きゃく》さまがご乗車《じょうしゃ》になりました。つぎの停留所《ていりゅうじょ》にむかうといたしましょう。イヒヒヒ……。

2章《しょう》
えっぼく!? 運転手《うんてんしゅ》さん、ぼくのこと知《し》ってるの?
屍《しかばね》病《びょう》院《いん》前《まえ》
つぎは〜、みつおさん、みつおさん、おおりください。ウヒ
なんでわたし、バスに乗《の》ったんだっけ…
プシュ〜

おりましたね。ドアを閉《し》めまあす。お大事《だいじ》に～。ウヒヒヒヒヒ……
バタン
キョロ
キョロ
どこもわるくないんだけど…言《い》われたとおりにおりちゃった。それにしても古《ふる》い病院《びょういん》だなぁ
ピーポーピーポー

12

# 救《きゅう》急《きゅう》車《しゃ》で運《はこ》ばれてきた友《とも》だち

みつお

――ピーポー　ピーポー

バスからおりたとたん、救急車《きゅうきゅうしゃ》のサイレンが近《ちか》づいてきた。やがてすがたを見《み》せた救急車《きゅうきゅうしゃ》は、病院《びょういん》の敷地内《しきちない》に入《はい》るとサイレンを止《と》めて停車《ていしゃ》した。救急隊員《きゅうきゅうたいいん》の人《ひと》たちがあわただしく動《うご》きまわっている。ストレッチャーに乗《の》せられ、頭《あたま》から足《あし》の先《さき》まで布《ぬの》をかけられた人《ひと》が運《はこ》び出《だ》された。そのとき、

「みつおくん、みつおくん……」

布《ぬの》の中《なか》からくぐもった声《こえ》が聞《き》こえたんだ。どこかで聞《き》いたことのある声《こえ》。

「みつおくん、ぼくだよ。元気《げんき》だった？　ぼくは、転校《てんこう》してからもみつお

くんのこと、忘《わす》れたことなんてなかったよ」

そうだ、この声《こえ》……去年転校《きょねんてんこう》していった、よしくんだ。家《いえ》が近《ちか》くて、よく遊《あそ》んだんだ。よしくんは布《ぬの》のすきまからぼくを見《み》ているようだった。

「よしくん!?　いったいどうしたの？　だいじょうぶ？」

ぼくは運《はこ》ばれていくよしくんをおいかけて、病院《びょういん》の中《なか》に入《はい》った。

「じつは火事《かじ》にまきこまれちゃって。全身《ぜんしん》やけどで死《し》んじゃったんだ」

死《し》んじゃった？

「それでね、ぼく、君《きみ》に会《あ》いたかったんだ。だって、ぼくが転校《てんこう》する前《まえ》に『ぼくらは親友《しんゆう》だ、こまったときはいつでも連絡《れんらく》くれ』って言《い》ったよね」

「う、うん、言《い》ったけど……」

「今《いま》、ぼくこまってるんだ。ひとりで死《し》にたくなんてないんだ。ねえ、いっしょに行《い》こうよ。みつおくんがこの病院《びょういん》に来《く》るって聞《き》いたから、ぼくもここに来《き》たんだ。ねえ、いっしょに行《い》こう」

とつぜん、よしくんはガバッと身《み》を起《お》こした。布《ぬの》が落《お》ちてあらわになったのは、全身《ぜんしん》のひふが焼《や》けこげ、髪《かみ》の毛《け》も全部《ぜんぶ》なくなった、人間《にんげん》とは思《おも》えないおそろしいすがただった。炭《すみ》のような黒《くろ》い手《て》で、ぼくにしがみつく。

「うわ、はなせ！」

ふりはらったら、よしくんは黒《くろ》くなった指《ゆび》の肉《にく》をボトボトと廊下《ろうか》に落《お》として、おくに運《はこ》ばれていった。

残《のこ》されたぼくの足下《あしもと》には「看護日誌《かんごにっし》」と書《か》かれた古《ふる》いノートが落《お》ちていた。どこからか、ひゅうっと冷《つめ》たい風《かぜ》がふいてきて、ページをパラパラとめくりだした。

13

# 十《じゅう》三《さん》号《ごう》室《しつ》

内科《ないか》の病室《びょうしつ》は全部《ぜんぶ》で十三室《じゅうさんしつ》。でもなぜか、十三号室《じゅうさんごうしつ》に入院《にゅういん》すると、治《なお》ることなく、みんな亡《な》くなってしまいます。

だから、わたしたち看護師《かんごし》は十三号室《じゅうさんごうしつ》には患者《かんじゃ》さんを入《い》れないようにしています。それなのに、内科部長《ないかぶちょう》のK《ケイ》先生《せんせい》にしかられるんです。

「医学《いがく》や科学《かがく》で説明《せつめい》できないものは、この世《よ》に存在《そんざい》しないのだよ。十三《じゅうさん》号室《ごうしつ》で亡《な》くなるのは、たんなるぐうぜん！」

今日《きょう》も、なにも知《し》らない夜勤《やきん》アルバイトの医師《いし》に、急患《きゅうかん》が来《き》たら、必《かなら》ず十三号室《じゅうさんごうしつ》へ入《い》れなさいと言《い》い残《のこ》し、帰《かえ》っていってしまいました。

まま夜中《よなか》、連絡《れんらく》が入《はい》り、救急車《きゅうきゅうしゃ》で急患《きゅうかん》が運《はこ》ばれてきました。

見《み》ると、K先生《ケイせんせい》ではありませんか。目《め》は開《ひら》いていますが、体《からだ》は動《うご》かず、口《くち》のきけない状態《じょうたい》です。アルバイトの医師《いし》は、はりきって言《い》いました。

「K先生《ケイせんせい》、必《かなら》ず治《なお》します。安心《あんしん》してください。十三号室《じゅうさんごうしつ》も空《あ》いてます！」

すると、K先生《ケイせんせい》の目《め》が、かっと見開《みひら》きました。

治療《ちりょう》が終《お》わり、十三号室《じゅうさんごうしつ》にベッドごと運《はこ》ぶと、K先生《ケイせんせい》はなにか言《い》いたそうに、飛《と》び出《だ》しそうな目《め》でにらんできます。あまりの怖《こわ》さに、わたしはつい目《め》をそらし、十三号室《じゅうさんごうしつ》を出《で》ました。

つぎの日《ひ》、K先生《ケイせんせい》は目《め》をギロリと見開《みひら》いたまま、心《しん》ぞうが止《と》まって亡《な》くなっていました。やっぱり十三号室《じゅうさんごうしつ》からは生《い》きて出《で》られないのか、ただ病気《びょうき》が悪化《あっか》したのか、今《いま》でもわかりません。

14

# レントゲンに写《うつ》る骨《ほね》

人《ひと》は見《み》かけによらないと言《い》いますが、骨《ほね》も見《み》かけによらないことがあります。大《おお》きな男《おとこ》の人《ひと》の骨《ほね》が、レントゲンをとってみたら細《ほそ》く、ぎゃくに、見《み》た目《め》は弱々《よわよわ》しい女《おんな》の人《ひと》ががんじょうで太《ふと》い骨《ほね》だったりするのです。

この病院《びょういん》の外科《げか》に配属《はいぞく》され五年《ごねん》になりますが、患者《かんじゃ》さんのレントゲンを見《み》る前《まえ》が一番《いちばん》ドキドキします。もし、太《ふと》くてりっぱな骨《ほね》だったらどうしよう！　と。

太《ふと》くて、りっぱな骨《ほね》がレントゲンに写《うつ》ったら、そのときは心《こころ》を鬼《おに》にして、手術《しゅじゅつ》の準備《じゅんび》をします。すべては、外科部長《げかぶちょう》が悪魔《あくま》と契約《けいやく》をかわしてしまったのがはじまりです。

そいつははじめ、黒《くろ》い霧《きり》のようなものだったそうです。その黒《くろ》い霧《きり》が、ある日外科部長《ひげかぶちょう》の耳《みみ》に、こうささやいたのです。この病院《びょういん》のはんじょうを約束《やくそく》するから、がんじょうな骨《ほね》がほしい、と。そのころ病院《びょういん》の経営《けいえい》がかたむきかけていて、部長《ぶちょう》はつい、取引《とりひ》きにおうじてしまいました。

おかげで病院《びょういん》は持《も》ち直《なお》しました。そしてわたしたちは今日《きょう》もせっせと、りっぱな骨《ほね》の人《ひと》から骨《ほね》を切《き》っては、悪魔《あくま》に移植《いしょく》しているのです。ひと月《つき》前《まえ》は、元気《げんき》な小学生《しょうがくせい》のあばら骨《ぼね》を一本《いっぽん》、昨日《きのう》は高校生《こうこうせい》の足《あし》の小指《こゆび》の骨《ほね》をもらいました。あとすこしで全部《ぜんぶ》の骨《ほね》がそろい、人間《にんげん》のすがたをした悪《あく》魔《ま》ができあがります。悪魔《あくま》は人《ひと》にまぎれてなにをする気《き》なのか……。

あっ今《いま》、サッカーで骨《ほね》を折《お》った小学生《しょうがくせい》がレントゲン室《しつ》に入《はい》りました。りっぱな骨《ほね》が、レントゲンに写《うつ》らないよう願《ねが》うばかりです。

15

# 五《ご》〇《まる》一《いち》号《ごう》室《しつ》の患《かん》者《じゃ》さん

看《かん》護《ご》師《し》仲《なか》間《ま》のＭ《エム》さんが、今本《いまほん》気《き》で恋《こい》をしている相《あい》手《て》、それは五《ご》〇《まる》一《いち》号《ごう》室《しつ》に一《いっ》か月《げつ》前《まえ》から入《にゅう》院《いん》している患《かん》者《じゃ》のＫ《ケイ》さんです。

Ｋ《ケイ》さんは毎《まい》日《にち》、リハビリのために病《びょう》院《いん》中《じゅう》をさんぽしています。点《てん》滴《てき》をカラカラひきながら、行《い》き交《か》う人《ひと》みんなに笑《え》顔《がお》であいさつをします。入《にゅう》院《いん》している患《かん》者《じゃ》さんはお年《とし》寄《よ》りが多《おお》いので、わかい男《だん》性《せい》というだけで目《め》をひきます。その上《うえ》あいそがよく、とびきりハンサムなものですから、人《にん》気《き》者《もの》にならないはずがありません。わかい看《かん》護《ご》師《し》のなかにもファンがたくさんいます。そんな彼《かれ》と恋《こい》仲《なか》になれたＭ《エム》さんも病《びょう》院《いん》一《いち》の美《び》人《じん》なので、美《び》男《なん》美《び》女《じょ》のカップルといったところでしょうか。

でも、わたしは怖《こわ》いんです。なにが怖《こわ》いって、K《ケイ》さんのうしろにぴったりくっついている女《おんな》の人《ひと》です。長《なが》い黒髪《くろかみ》がへびのようにうねって、あの人《ひと》の体《からだ》にまきついています。まっ赤《か》な目《め》が、うらめしそうに彼《かれ》のうなじをにらんでいます。それもひとりではありません。何人《なんにん》も何人《なんにん》も重《かさ》なり合《あ》うようにして、まっ黒《くろ》なうずのようになってはりついているんです。

K《ケイ》さんは山《やま》おくの道《みち》でスリップ事故《じこ》を起《お》こし、入院《にゅういん》してきたそうですね。ま夜中《よなか》の山《やま》おくで、いったいなにをしていたのでしょう。血《ち》だらけだったと聞《き》きましたが、それは全部本人《ぜんぶほんにん》の血《ち》なんでしょうか。なにより怖《こわ》いのは、あの笑顔《えがお》です。あんな笑顔《えがお》をむけられたら、だれでも心《こころ》をゆるしてしまいます。M《エム》さんは今幸《いましあわ》せの絶頂《ぜっちょう》で、なにを言《い》っても聞《き》き入《い》れないでしょう。だからわたしは、彼《かれ》のうしろに見《み》えるものについて忠告《ちゅうこく》できずにいます。どうかM《エム》さんの身《み》に、なにも起《お》きませんように。

16

# 車《くるま》いすをおして

この病院《びょういん》には、ふしぎな言《い》いつたえがあります。ま夜中《よなか》、車《くるま》いすに乗《の》った見《み》なれぬ患者《かんじゃ》さんに「車《くるま》いすをおして」と言《い》われても、おしてはいけないというのです。もし言《い》うとおりにしてしまったらどうなるか、それはだれにもわかりませんでした。そう。わたしも、あのときまでは。

その日《ひ》は夜勤《やきん》でした。ま夜中《よなか》の病室《びょうしつ》を、懐中電灯《かいちゅうでんとう》を持《も》ってまわり、一《いち》番《ばん》はしの病室《びょうしつ》まで異常《いじょう》なく見《み》まわったときのことです。つかわれていない、まっ暗《くら》な廊下《ろうか》から、声《こえ》が聞《き》こえたのです。

「ねえ……、おして。車《くるま》いすをおしてよ」

わたしは、声《こえ》のするほうに光《ひかり》をあてました。すると、三年生《さんねんせい》くらいの男《おとこ》の子《こ》が、車《くるま》いすにすわって、まぶしそうに目《め》を細《ほそ》めています。

「えっ子《こ》ども？　なんでこんなところに？」

「迷子《まいご》になっちゃったんだ」

「えっ！　迷子《まいご》って、小児病棟《しょうにびょうとう》からぬけ出《だ》してきたの？　いつからそこにいるの？　今《いま》ごろ小児病棟《しょうにびょうとう》は大《おお》さわぎじゃない」

立《た》て続《つづ》けに聞《き》いたので、男《おとこ》の子《こ》はもごもごして、答《こた》えにこまっているようでした。とりあえず、ナースステーションにつれていこうと、わたしは男《おとこ》の子《こ》の車《くるま》いすをおしました。けれど向《む》きをかえようとしても、動《うご》きません。車輪《しゃりん》がいうことをきかず、まっすぐにしか進《すす》まないのです。

「ちょっと、この車《くるま》いす、変《へん》ねえ」

手《て》をはなしてようすを見《み》ようとしたら、持《も》ち手《て》に手《て》がぴったりくっついて、はなれません。おしても、引《ひ》いても、はなれません。わたしがあせっていると、男《おとこ》の子《こ》のかたが小《こ》きざみにゆれました。

「くっ、くくく。ひっかかった、ひっかかった。これからはもう、ぼく専《せん》ぞくの看護師《かんごし》さんだよ。はじめの人《ひと》は四十二年間《よんじゅうにねんかん》。つぎの人《ひと》は五十九年間《ねんかん》もがんばってくれたんだけどね、昨日《きのう》だめになったところなんだ」

「な、なにを言《い》っているの……？」

そのとき気《き》づきました。車《くるま》いすの持《も》ち手《て》に、ぼろ布《ぬの》のようなものがぶら下《さ》がっていることに。それが人《ひと》の形《かたち》をしていることに。

「さあて、君《きみ》は何年《なんねん》もつかな。くくく……」

笑《わら》いながらふりむいたその顔《かお》は、百才《ひゃくさい》をゆうにこえた老人《ろうじん》の顔《かお》でした。

「きゃあああー、だれか、だれか、だれかーーー！」

わたしの声《こえ》はもうだれにも聞《き》こえないのか、病院《びょういん》は静《しず》まり返《かえ》ったままです。老人《ろうじん》は両手《りょうて》で車《くるま》いすの車輪《しゃりん》を力強《ちからづよ》く回《まわ》して、暗《くら》く長《なが》い廊下《ろうか》を進《すす》みはじめました。わたしは引《ひ》きずられるようにして、ついていくしかありません。それからというもの、わたしは、いつでもこの車《くるま》いすをおしています。病院《びょういん》の中《なか》をさまよい歩《ある》いても、だれもわたしたちに気《き》づきません。あまりに悲《かな》しいので、ここに書《か》きました。もちろん、書《か》いているのは、車《くるま》いすにすわっている彼《かれ》です。だって、わたしの手《て》は、車《くるま》いすにくっついたままなのですから。

17

# 見《み》てはいけない手《しゅ》術《じゅつ》

みつお

廊下《ろうか》のいすにこしかけ、おそろしい日誌《にっし》に見入《みい》っていたぼくは、ふと顔《かお》を上《あ》げた。さっきまで人《ひと》がいたはずの待合室《まちあいしつ》が、無人《むじん》になっている。待合《まちあい》室《しつ》だけじゃない、受付《うけつけ》にも廊下《ろうか》にも人《ひと》かげはなく、静《しず》まり返《かえ》っていた。あわてて出入口《でいりぐち》の前《まえ》に立《た》ったが、自動《じどう》ドアが開《あ》かない。全身《ぜんしん》から汗《あせ》がふき出《だ》してくるのを感《かん》じた。廊下《ろうか》のおくをのぞくと、ぼんやりとあかりのもれている部屋《へや》があった。あそこに人《ひと》がいるんだろうか。

おそるおそる部屋《へや》の中《なか》をのぞくと、それはテレビのあかりだった。小《ちい》さな子《こ》どもむけの歌《うた》が流《なが》れ、だれもいない病室《びょうしつ》にひびいている。とほうにくれているとき、きゅうにテレビの画面《がめん》がみだれ、ザーザーと音《おと》を立《た》てた。

「こわれてるのかな」

いったん電源《でんげん》を切《き》ってみようと手《て》をのばしたときだった。血《ち》まみれになった人間《にんげん》の体《からだ》が画面《がめん》にうつし出《だ》された。うげ。なに、これ？

ぼくは反射的《はんしゃてき》に手《て》を引《ひ》っこめた。白衣《はくい》を着《き》た四人《よにん》の人《ひと》が、横《よこ》たわる人間《にんげん》のまわりをぐるっとかこんで、なにかしている。手術《しゅじゅつ》の映像《えいぞう》……？

「……麻酔《ますい》はどうだ。そろそろ切《き》れそうか？」

「ああ。このまま切《き》れさせよう。……だが、まだ死《し》なせるなよ」

「わかっている。われわれのうらみは、こんなものではない」

白衣《はくい》の四人《よにん》の会話《かいわ》が聞《き》こえる。よく見《み》ると、横《よこ》たわっている人《ひと》は、麻酔《ますい》がかかって動《うご》けないが意識《いしき》ははっきりしているらしく、恐怖《きょうふ》のあまり目玉《めだま》が飛《と》び出《で》そうになっていた。

「なあ、やぶ医者《いしゃ》さん。手術《しゅじゅつ》されるがわの気分《きぶん》はどうだい」

「あなたに多額《たがく》の治療費《ちりょうひ》をはらったうえに、めちゃくちゃな手術《しゅじゅつ》をされて死《し》んだおれたちのこと、忘《わす》れちゃいないですよね？　先生《せんせい》」

「あなたには一番《いちばん》お世話《せわ》になったから、たっぷりお礼《れい》をするつもりだ」

そうか、白衣《はくい》の四人《よにん》は、手術《しゅじゅつ》ミスで死《し》んだ人《ひと》たちで、横《よこ》たわっている人《ひと》は手術《しゅじゅつ》をした医者《いしゃ》。これは復讐《ふくしゅう》なんだ。もしかしたら、この病院《びょういん》の医者《いしゃ》や看護師《かんごし》たちはみんな、すでに死《し》んでいる人《ひと》たちなのかもしれない。

ぼくは、じりじりとテレビから後《あと》ずさった。早《はや》く、早《はや》くこの病院《びょういん》を出《で》なきゃ……。

するとテレビの中《なか》の白衣《はくい》の四人《よにん》がいっせいにこちらをむいた。――え!?

「おや、そこに子《こ》どもがいるぞ……見《み》られてしまったな」

「しかたない、もう病院《びょういん》の外《そと》へ出《だ》すわけにはいかない」

四人《よにん》は不気味《ぶきみ》に笑《わら》いながらこちらに近《ちか》づいてきて、手《て》をのばした。テレビ画面《がめん》の向《む》こうから手《て》がぬっとあらわれて、ぼくの手首《てくび》をつかんだ。

# 案《あん》内《ない》図《ず》

18 かべのかげ

夕方《ゆうがた》、うす暗《ぐら》くなった病院《びょういん》のかべに、黒《くろ》いかげが見《み》えたら、手《て》を固《かた》くにぎったほうがいい。死《し》に神《がみ》が、手《て》をつなぎ、つれていく人《ひと》をさがして歩《ある》きまわっているよ。

19 エレベーター

だれもいないエレベーターに足《あし》をふみ入《い》れたとたん、満《まん》員《いん》を知《し》らせるブザーが鳴《な》ることがある。でも故障《こしょう》ではない。目《め》に見《み》えないなにかが、いっぱい乗《の》っているんだ。

# 屍《しかばね》病《びょう》院《いん》

## 20 ひみつの手術室《しゅじゅつしつ》

ひみつの手術室《しゅじゅつしつ》でおこなわれる手術《しゅじゅつ》の成功率《せいこうりつ》は100％。ただし、条件《じょうけん》がひとつ。手術中《しゅじゅつちゅう》に麻酔《ますい》からさめても、けっして目《め》は開《あ》けないこと。人《ひと》ではない医師《いし》の顔《かお》を見《み》た者《もの》はみな、心《しん》ぞうが止《と》まってしまう。

## 21 階段《かいだん》

うす暗《ぐら》い階段《かいだん》にしゃがんだ、白《しろ》い着物《きもの》の小《ちい》さな子《こ》。「おんぶして、病室《びょうしつ》につれってって」と言《い》われても、おんぶしてはだめ。おんぶをすると、いつのまにか自分《じぶん》が階段《かいだん》にすわっていて、子《こ》どもは消《き》えている。

22

# 霊《れい》安《あん》室《しつ》ではお静《しず》かに

運転手《うんてんしゅ》

みなさん、大《おお》きな病院《びょういん》には、死者《ししゃ》のねむる部屋《へや》があることをごぞんじでしょうか。ウヒヒ、怖《こわ》がらせるためにつくり話《ばなし》をしているのではありませんよ。部屋《へや》の名前《なまえ》は「霊安室《れいあんしつ》」です。聞《き》いたことがあるでしょう？ 霊安《れいあん》室《しつ》は、死《し》んだ人《ひと》の体《からだ》を、遺族《いぞく》の方《かた》が引《ひ》きとりに来《く》るまでのあいだだけ、おいておく部屋《へや》なのです。

でも、引《ひ》きとりに来《き》てくれる人《ひと》がいない遺体《いたい》も、あるわけです。ウヒヒヒ……笑《わら》っちゃいけませんね、ヒヒヒ、まあ、たとえば、交通事故《こうつうじこ》で身元《みもと》がわからないくらいグチャグチャになってしまった遺体《いたい》や、家族《かぞく》や親《しん》せき

もだれもいない、お年寄《としよ》りの遺体《いたい》なんかがそうです。かわいそうなことですが、ウヒッ、引《ひ》きとり手《て》のない遺体《いたい》はね、成仏《じょうぶつ》することなく、その魂《たましい》は、霊安室《れいあんしつ》にとどまってしまうのですよ。だから、霊安室《れいあんしつ》には、霊《れい》がいっぱい、いーっぱいいるわけですよ。ウヒヒヒヒ……。

えっ？　霊安室《れいあんしつ》に行《い》ってみたいですか、そうですか。では、霊安室《れいあんしつ》での注意事項《ちゅういじこう》をお話《はな》ししましょう。いや昔《むかし》ね、やっちゃいけないことをやっちまった子《こ》がいるんですよ。みなさんが、そうならないようにね。ヒヒヒ。

その男《おとこ》の子《こ》は、うでのけがで入院《にゅういん》していたんですが、同室《どうしつ》のおじいさんとなかよくなったんですね。おじいさんは病院生活《びょういんせいかつ》が長《なが》くて、病院《びょういん》のことをよく知《し》っている。どの医者《いしゃ》が手術《しゅじゅつ》に失敗《しっぱい》しただの、どの看護師《かんごし》がいじわるだのって、いろいろ教《おし》えてくれて……どこでもこういう年寄《としよ》りはいますよねえ、ウヒヒヒヒ。

で、この教《おし》えたがりのおじいさんが、男《おとこ》の子《こ》に霊安室《れいあんしつ》の場所《ばしょ》を教《おし》えたわけです。きょうみほんいで行《い》く場所《ばしょ》じゃないから、近《ちか》づくなってね。そう言《い》われて近《ちか》づかない、小学四年生男子《しょうがくよねんせいだんし》がいるでしょうか。イーヒッヒッヒ、いませんよね。そんなわけで、彼《かれ》は霊安室《れいあんしつ》に行《い》きました。そーっとドアを開《あ》けると、そこはまっ白《しろ》な部屋《へや》でした。せいけつな印象《いんしょう》の部屋《へや》で、恐怖《きょうふ》のかけらもなかったそうです。

つまらなくなった男《おとこ》の子《こ》は、部屋《へや》のまん中《なか》に立《た》って、口笛《くちぶえ》をふくことにしました。なんでかっていうと、霊安室《れいあんしつ》で口笛《くちぶえ》をふいてはいけないと、これもおじいさんに教《おし》えてもらったからです。だめだと言《い》われると、やらずにいられないお年《とし》ごろなのです。

ピー　ピ　ピピー

はじめは、なんの変化《へんか》もありませんでした。五秒《ごびょう》待《ま》ち、十秒《じゅうびょう》待《ま》ち、一分《いっぷん》待《ま》ったころ、血《ち》なまぐさいにおいを感《かん》じ、気《き》づくと天井《てんじょう》とかべのあいだから赤黒《あかぐろ》い血《ち》がしみだしていたんです。血《ち》はどんどんあふれ、男《おとこ》の子《こ》は気味《きみ》わるくなって霊安室《れいあんしつ》を出《で》ようとしました。ガチャ。ところが、ドアが開《ひら》きません。ガチャガチャ。開《ひら》きません。ウヒヒヒヒ……男《おとこ》の子《こ》はドアをたたきながら「だれか！」と大声《おおごえ》で叫《さけ》びました。そのときです。

――お静《しず》かに。

耳元《みみもと》で声《こえ》がしたかと思《おも》うと、氷《こおり》のように冷《つめ》たい手《て》が男《おとこ》の子《こ》の口《くち》をおさえました。

男《おとこ》の子《こ》は息《いき》ができずにもがき、やがて気《き》を失《うしな》いました。

それから、その子《こ》がどうなったかって？　ウヒヒヒ、霊安室《れいあんしつ》で氷《こおり》のように冷《つめ》たくなってたおれているところを、数時間後《すうじかんご》に看護師《かんごし》さんが発見《はっけん》したみたいですよ。幸《さいわ》い発見《はっけん》が早《はや》く一命《いちめい》はとりとめたみたいですけどね、だれかさんの手《て》で一度《いちど》おさえられた口《くち》からは、もう二度《にど》と声《こえ》を発《はっ》することができなくなってしまったんだとか。お気《き》のどくに。まあ、自業自得《じごうじとく》ってやつですかね、ウヒ。

というわけで、霊安室《れいあんしつ》では口笛《くちぶえ》をふくべからず。霊《れい》の安息《あんそく》をじゃまするべからず……ウヒヒ。

さて、またつぎのお客《きゃく》さまがご乗車《じょうしゃ》になりました。つぎの停留所《ていりゅうじょ》にむかうといたしましょう。

3章《しょう》
どういうこと? おりたら どうなるの?
しずかさん、しずかさん、必《かなら》ず、おおりください。ウヒヒ
血《ち》塗《みどろ》墓《ぼ》地《ち》前《まえ》
あれ、お向《む》かいの いつきさんも 乗《の》ってるんだね
プシュ〜…

おおりになりましたか？
ではドアを閉《し》めまあす。
ご先祖《せんぞ》によろしく、
おつたえくださあい。
ウヒヒヒ……
バタン
なんであたしだけ
おりなきゃいけないの？
たったひとりで
お墓《はか》なんて、
明《あか》るくても怖《こわ》いのに！
カーカー

23

# 入《はい》る前《まえ》のお願《ねが》い

しずか

目《め》の前《まえ》に広《ひろ》がる墓地《ぼち》。そのなかにボンヤリと人《ひと》かげが見《み》えた。幽霊《ゆうれい》かと思《おも》ったけれど、よく見《み》るとお寺《てら》のおぼうさんだった。

「おじょうさん、お墓参《はかまい》りですか？」

「い、いえ、そんなつもりは……」

「ここに来《き》た人《ひと》には墓参《はかまい》りをお願《ねが》いしています。死者《ししゃ》たちのしき地《ち》に入《はい》るわけですから、まずはあいさつしてもらわないと、彼《かれ》らがおこります」

その言葉《ことば》を聞《き》いて背中《せなか》がゾゾッとした。そう言《い》われてみればそうだ。ここは死者《ししゃ》の住《す》む土地《とち》だ。

「まずは線香《せんこう》をお墓《はか》におそなえしてくださいね」

死者《ししゃ》をおこらせたら、たたりがあるのかもしれない。ひとつの墓《はか》の前《まえ》に立《た》ち、線香《せんこう》のたばを受《う》けとる。どうかたたりなどありませんように……。

おぼうさんが線香《せんこう》に火《ひ》をつけてくれた。火《ひ》がゆらゆらとゆれる。

「これを線香立《せんこうた》てにさせばいいの？　あたし、お墓参《はかまい》りしたことなくて」

「ええ、そうです。ほのおを消《け》してから、立《た》てるんです」

火《ひ》を消《け》すのか。線香《せんこう》の先《さき》でゆらめいている火《ひ》に、フッと息《いき》をふきかけた。

「あっ、ふ、ふいてはダメです！　手《て》であおいで！」

「え？　なんで？」

「ああ、もうやってしまいましたね……」

つぎのしゅんかん、背中《せなか》に冷《つめ》たいものを感《かん》じた。生《なま》ぐさい吐息《といき》を耳《みみ》もとに感《かん》じる。

「線香《せんこう》を消《け》すときは、息《いき》をかけてはいけないのです。息《いき》をふきかけることで、死《し》んだ人《ひと》の魂《たましい》が息《いき》をふき返《かえ》すといわれています。……どうやら、変死《へんし》した女性《じょせい》の霊《れい》を呼《よ》び出《だ》してしまったようですよ」

その霊《れい》が、あたしのまうしろにいる。ぜったいいる。

「早《はや》くこちらにいらっしゃい！」

おぼうさんが、本堂《ほんどう》にあたしを引《ひ》っぱりこんだ。

本堂《ほんどう》に入《はい》ってみると、背中《せなか》の冷《つめ》たさは消《き》えた。ああ、助《たす》かったみたい。

「この寺《てら》ははじめてですか。すこし、お話《はなし》をお聞《き》かせしましょう」

おぼうさんは、ゆっくりと語《かた》りはじめた。

24

# 朱《しゅ》文《も》字《じ》の墓《はか》

当墓地《とうぼち》に立《た》つお墓《はか》には、白《しろ》い文字《もじ》で名前《なまえ》が書《か》かれた亡《な》くなった方《かた》のお墓《はか》と、赤《あか》い文字《もじ》で書《か》かれた、まだ生《い》きていらっしゃるうちに立《た》ててある生前墓《せいぜんぼ》とがあります。でもじつは、この一番《いちばん》はじの朱色《しゅいろ》の文字《もじ》の墓《はか》は、もう亡《な》くなった方《かた》が入《はい》っているのです。

この方《かた》は、生前《せいぜん》、それはしょっちゅうお墓《はか》に来《き》て、まわりの土《つち》まできれいにして、いつも手入《てい》れをかんぺきになさっていました。そしてあるとき亡《な》くなり、さてお墓《はか》に埋葬《まいそう》しようと墓《はか》を開《あ》けたら、なんと、おびただしい数《かず》の人骨《じんこつ》と、まだ朽《く》ちかけのご遺体《いたい》がつまっていたのです。

人《ひと》は見《み》かけによらないもの、この墓《はか》の主《あるじ》は殺人鬼《さつじんき》だったのです。殺《ころ》した死体《したい》を、自分《じぶん》の墓《はか》にうめ、証拠《しょうこ》をかくしていたのでしょう。

そんな殺人鬼《さつじんき》も、死《し》ねば法律《ほうりつ》では罪《つみ》に問《と》われません。殺《ころ》されていた方々《かたがた》は、すべて家族《かぞく》のもとへお返《かえ》しし、墓《はか》の文字《もじ》を朱色《しゅいろ》から白《しろ》へと書《か》きかえ、男《おとこ》を埋葬《まいそう》しました。

でもなぜか、いつのまにか、朱《しゅ》がじわりじわりとにじみ出《で》てきます。

この朱色《しゅいろ》、近《ちか》づいてよおくごらんなさい。

血《ち》の赤《あか》です。

毎夜《まいよ》この墓《はか》には、たくさんの幽霊《ゆうれい》がやってきて、中《なか》に入《はい》っていきます。朝《あさ》まで男《おとこ》の悲鳴《ひめい》がひびき、墓《はか》の文字《もじ》からは、血《ち》がふき出《だ》し、下《した》に血《ち》だまりができるほどなのです。

25

# 花《はな》うらない

ほら、あそこの墓《はか》は、花《はな》でいっぱいでしょう。あのお墓《はか》には、毎日必《まいにちかなら》ず赤《あか》い花《はな》をおそなえするんです。

昔《むかし》、まずしい夫婦《ふうふ》がいました。おたがい、子《こ》づれどうしの結婚《けっこん》で、子《こ》どもは、夫《おっと》のむすめで五才《ごさい》の花子《はなこ》と、妻《つま》のむすめで一才《いっさい》の夕子《ゆうこ》。やがて、夫《おっと》がきゅうな病気《びょうき》で死《し》んでしまうと、母《はは》とむすめたちは、食《た》べていくのもたいへんなありさまになりました。

「この子《こ》さえいなければ、あたしたちはもっと楽《らく》になるのに」

母親《ははおや》は、花子《はなこ》にひどくつらくあたるようになったそうです。そして、ある日《ひ》のこと、

「ちょっと出《で》かけてくるから、花子《はなこ》は留守番《るすばん》をしておいで」

と、言《い》うと、夕子《ゆうこ》だけをつれて出《で》て行《い》ったきり、二度《にど》ともどってきませんでした。花子《はなこ》は、庭《にわ》の赤《あか》い小菊《こぎく》の花《はな》びらをむしっては、

「帰《かえ》る、帰《かえ》らない、帰《かえ》る、帰《かえ》らない、帰《かえ》る……」

と、占《うらな》っていましたが、食《た》べるものもなく、やがてひとりで死《し》んでしまいました。


それから年月《ねんげつ》が流《なが》れ、五才《ごさい》になった夕子《ゆうこ》がひとりで遊《あそ》んでいると、同《おな》い年《どし》くらいの女《おんな》の子《こ》があらわれて、遊《あそ》ぼうとさそってきました。その子《こ》は、赤《あか》い花《はな》をたくさんかかえていて、こう歌《うた》ったそうです。

一枚《いちまい》つんで　二枚《にまい》つんで　全部《ぜんぶ》つんだらおしまいよ

夕子《ゆうこ》はよろこんで、その子《こ》のまねをして、赤《あか》い花《はな》びらをつみはじめました。ところが、つんでいくうちに、体中《からだじゅう》が痛《いた》くなってきたのです。

まるで、全身《ぜんしん》を引《ひ》きさかれるよう。でも、手《て》はかってに花《はな》びらをむしり、やめることができません。

「痛《いた》い、痛《いた》いよう。もう帰《かえ》るよう」

「だめだめ、全部《ぜんぶ》つんでから」

花子《はなこ》は笑《わら》いながら、赤《あか》い花《はな》びらをつみました。

帰《かえ》る、帰《かえ》らない、帰《かえ》る、帰《かえ》らない……。

「ギャーッ、痛《いた》いよう、助《たす》けて、助《たす》けて！」

「だめだめ、全部《ぜんぶ》つんでから」

母親《ははおや》が見《み》つけたとき、夕子《ゆうこ》は、髪《かみ》やつめまでも引《ひ》きちぎられ、死《し》にかけていました。あたりには、まっ赤《か》な血《ち》が、花《はな》びらのように散《ち》ってい

たそうです。

そこに、ぼろぼろの洋服《ようふく》にざんばら髪《がみ》の花子《はなこ》が、ぞろりとあらわれると、こう言《い》いました。

「夕子《ゆうこ》はこれでかんべんしてやる。だが、わたしの墓《はか》に赤《あか》い花《はな》をたやしたら、おまえの命《いのち》はない。そう思《おも》え」

母親《ははおや》は、花子《はなこ》がうめられた墓《はか》をさがして、この墓地《ぼち》にたどりつきました。しばらくは言《い》われたとおりにしていましたが、あるとき、もういいだろうと、墓参《はかまい》りをやめてしまいました。

そしてある晩《ばん》、母親《ははおや》は、全身《ぜんしん》の肉《にく》をむしられ、指《ゆび》や目鼻《めはな》まで引《ひ》きちぎられた、むざんなすがたで見《み》つかりました。体中《からだじゅう》に、小《ちい》さな指《ゆび》のあとが無数《むすう》についていたそうです。母親《ははおや》をなくした夕子《ゆうこ》も、ほどなく死《し》んでしまったということです。

## 26

# アリの墓《はか》

夏《なつ》のある日《ひ》のことでした。庭《にわ》に出《で》てみると、近所《きんじょ》で評判《ひょうばん》のいたずらぼうず、春平《しゅんぺい》とたっ平《ぺい》が見《み》えました。このふたり、集《あつ》まっているアリたちをスニーカーのかかとでふんずけ、グリグリグリとすりつぶしています。

「なにをしているのです。小《ちい》さくても命《いのち》ですよ」

どなっても平気《へいき》な顔《かお》で、

「アリの巣《す》を全部《ぜんぶ》こわすんだ。だってこのアリの数《かず》、ほっておいたらこの墓地《ぼち》の下《した》は、アリの巣《す》だらけになっちゃうよ」

わたしは言葉《ことば》につまりました。アリの巣《す》でこまっているのは事実《じじつ》でした。でもそのことと、無益《むえき》な殺生《せっしょう》とは話《はなし》がちがいます。

この子《こ》たちにどう説明《せつめい》をすればいいのだろうか。考《かんが》えあぐねているあいだに、ふたりは目《め》くばせをすると、さっと走《はし》ってにげてしまいました。わたしはしかたなく、そのまま本堂《ほんどう》に入《はい》ってお経《きょう》をあげはじめました。

ここから先《さき》は、あとでふたりに聞《き》いた話《はなし》です。

わたしからにげていったあと、春平《しゅんぺい》とたっ平《ぺい》は、落《お》ちていたコーヒーの空《あ》きびんに目《め》をつけたそうです。そこに集《あつ》まってきたアリを、土《つち》といっしょにぎゅうぎゅうつめこむと、寺《てら》の駐車場《ちゅうしゃじょう》のすみにばらまきました。その目《め》はギラギラとかがやいていたことでしょう。にげまどうアリたちを一《いっ》ぴきずつつかまえると、おもしろがってその手足《てあし》をむしりました。大《おお》きなアリは顔《かお》を半分《はんぶん》つぶして、みんなびんにもどしました。

「おかしいなあ、春《しゅん》ちゃん。これ、インスタントコーヒーじゃなくて、インスタントのアリのお墓《はか》だよな」

もがくアリの上《うえ》から土《つち》をふりかけながら、たっ平《ぺい》が言《い》うと、

「たっちゃん、あとで水《みず》ぜめにしてみようぜ」

と、春平《しゅんぺい》。

「そうだね。それでも死《し》ななかったら、ぼくたちが飼《か》ってやろうよ」

その直後《ちょくご》でした。春平《しゅんぺい》は「いってえ！」と声《こえ》を上《あ》げました。春平《しゅんぺい》の手《て》足《あし》には、まっ黒《くろ》になるほどのアリの大群《たいぐん》がのぼってきていました。はらってもはらっても、一《いっ》ぴきの生《い》き物《もの》のように、アリたちはくっついてきます。そして、まっ赤《か》な血《ち》がだらだらと流《なが》れはじめたのです。

「春《しゅん》ちゃん、手《て》、手《て》、小指《こゆび》！」

春平《しゅんぺい》の右《みぎ》の小指《こゆび》は、根元《ねもと》をアリにかみちぎられて、だらんとたれ下《さ》がってしまいました。

そのうち今度《こんど》はたっ平《ぺい》が、「うわあああ～」と声《こえ》を上《あ》げました。シャ

ツの内《うち》がわに、アリたちがいっせいにもぐりこんだのです。たっ平《ぺい》がコンクリートの駐車場《ちゅうしゃじょう》に背中《せなか》をこすりつけて、泣《な》きながら動《うご》きまわったあとは、まっ赤《か》な血《ち》の色《いろ》の道《みち》のようになりました。

ふたりは血《ち》となみだと汗《あせ》でぐちゃぐちゃになりながら、なんとか本堂《ほんどう》にたどりつき、アリにまみれながらわたしに助《たす》けを求《もと》めました。ふたりの悲鳴《ひめい》はさっきから聞《き》こえていましたし、目《め》の前《まえ》のふたりをすぐにでも助《たす》けなければなりません。でも、わたしは立《た》ち上《あ》がれませんでした。

本堂《ほんどう》のゆかが、黒《くろ》く波《なみ》うっていました。びっしりとアリにかこまれ、すこしでも身《み》じろぎしようものなら、今度《こんど》はわたしがアリを殺《ころ》してしまう。わたしはどうすることもできず、アリたちの怒《いか》りをしずめるため、ただただ、お経《きょう》をとなえつづけるしかなかったのです。なんまいだ〜。

なんまいだ〜。

27

# 水子《みず》のたたり

この寺《てら》に、どろぼうが入《はい》ったことがありました。お堂《どう》にしのびこんだ男《おとこ》が、金《きん》の仏像《ぶつぞう》をぬすみだしたのです。仏像《ぶつぞう》をかかえて、暗《くら》い石段《いしだん》をおりようとした男《おとこ》は、なにかぐにゃっとしたものをふみました。

「なんだ、ねこか？　……ひ、ひっ」

男《おとこ》はぎょっとしました。それは、やせ細《ほそ》った赤《あか》んぼうだったのです。それも、ひとりやふたりではありません。いつのまにか、何十人《なんじゅうにん》もの赤《あか》んぼうが男《おとこ》をとりかこみ、石段《いしだん》の上《うえ》からも下《した》からも、じりじりとにじりよってきます。なんと、どの子《こ》も、目鼻《めはな》がありません。大《おお》きな口《くち》だけが開《ひら》いて、泣《な》き叫《さけ》んでいます。やがて、小《ちい》さな手《て》がぺったりとはりつき、男《おとこ》の足《あし》によじのぼりはじめました。その重《おも》いこと、力《ちから》の強《つよ》いこと。

「ギャー、た、助《たす》けてくれ！」

オギャー　オギャー　オギャー

泣《な》き声《ごえ》が、男《おとこ》の叫《さけ》びをかき消《け》しました。よろめいてしりもちをついた男《おとこ》の体《からだ》を、赤《あか》んぼうはずりずりとはいのぼり、うめつくしました。

よく朝《あさ》、男《おとこ》は石段《いしだん》の下《した》に転《ころ》げ落《お》ちて、死《し》んでいました。そのまわりには、お堂《どう》にそなえられていた、がらがらやおしゃぶりなどが、たくさんちらばっていたのです。

男《おとこ》がぬすもうとした仏像《ぶつぞう》は、生《う》まれてすぐに死《し》んだ赤《あか》んぼうをとむらうための、水子《みずこ》観音《かんのん》だったのです。名前《なまえ》もつけられずに、だれに会《あ》うこともなく死《し》んだ、あわれな赤子《あかご》たちが、観音《かんのん》さまを返《かえ》せと、男《おとこ》にすがりついてきたのでしょう。

28

# 遺《い》影《えい》はだあれ?

しずか

おぼうさんの声《こえ》が、ようやくとぎれた。怖《こわ》くなってうつむいているわたしに、おぼうさんは、

「しゃべりすぎました。失礼《しつれい》。そうだ、せっかくなので、ここのそうじを手伝《てつだ》ってください」

と、言《い》い出《だ》した。

「怖《こわ》いときには、体《からだ》を動《うご》かすのが一番《いちばん》。気《き》がまぎれます。仏具《ぶつぐ》が汚《よご》れてきているので、きれいにしてもらえますか」

「あたし、仏具《ぶつぐ》のそうじなんてしたことない。線香《せんこう》のときみたいに、なにか変《へん》なことして、霊《れい》をおこらせちゃったら怖《こわ》いな……」

「だいじょうぶ。きれいにするのですから、仏《ほとけ》さまもよろこぶに決《き》まっています。ああ、そうそう。ひとつだけ注意点《ちゅういてん》が」

「注意点《ちゅういてん》？」

おぼうさんは、ふせてある写真立《しゃしんた》てを指《ゆび》さして言《い》った。

「この遺影《いえい》は見《み》ないように」

遺影《いえい》って、いなかのおばあちゃんの家《いえ》に行《い》くと、仏壇《ぶつだん》の部屋《へや》にかざってあるやつかな。

「だれの遺影《いえい》なの？」

「あなたが知《し》る必要《ひつよう》はありません」

おぼうさんはそう言《い》って、仏具《ぶつぐ》をふきはじめた。あたしもハタキをかけたり、台《だい》をふいたりしてそうじを手伝《てつだ》った。

おぼうさんはとてもていねいにそうじをしている。仏具《ぶつぐ》に傷《きず》がつかないように、ガーゼのぞうきんをつかって細《こま》かくゴシゴシ。わたしもまねをして細《こま》かくゴシゴシしていたら、ふと手《て》にふれたものがあった。さっき、見《み》るなと言《い》われた遺影《いえい》だ。ここからどけなくては、この下《した》をふくことができない。

遺影《いえい》をふせたまま、場所《ばしょ》をずらそうと思《おも》った。でも、手《て》がふれると、表《おもて》にして見《み》てみたい衝動《しょうどう》がわきあがる。ううん、見《み》ちゃダメって言《い》われたんだ。でも。

横目《よこめ》で確認《かくにん》すると、おぼうさんは一生《いっしょう》けんめいそうじをしていて、こちらに気付《きづ》いていない。ちょっとだけならいいよね。いっしゅんだけなら。

あたしはそっと、遺影《いえい》を表《おもて》にした。

「あれっ？　どういうこと？」

思《おも》わず声《こえ》に出《だ》して言《い》ってしまった。だって、そこにはなにも写《うつ》っていなかったんだもん。ただのまっ暗《くら》な写真《しゃしん》——。

「あっ！　見《み》てはいけません！」

おぼうさんがあたしの手《て》から遺影《いえい》をはらい落《お》とそうとしたけれど、もうおそかった。ぐにゃりとめまいがしたと思《おも》ったら、ガラスごしに、悲《かな》しそうな顔《かお》のおぼうさんが見《み》えた。

さっきの空《から》っぽの遺影《いえい》、わたしの遺影《いえい》になっちゃったんだ。

# 案《あん》内《ない》図《ず》

## 29 ニセモノの死人《しにん》

夜中《よなか》にお墓参《はかまい》りに行《い》くと、死《し》んだ人《ひと》に会《あ》えるという。ただし、死《し》んだおばあちゃんだと思《おも》ったらおばあちゃんのふりをした悪霊《あくりょう》だった……なんてこともあるからご用心《ようじん》。

## 30 転《ころ》んだら……

墓地《ぼち》ではけっして転《ころ》んではいけない。成仏《じょうぶつ》できない霊《れい》たちが、いっせいにおおいかぶさって、動《うご》けなくなることがある。にげるためには、足《あし》を切《き》り落《お》とすしかない。

# 血《ち》塗《みどろ》墓《ぼ》地《ち》

## 31 墓《ぼ》地《ち》にはえる草《くさ》

墓《ぼ》地《ち》にだけはえる、呪《のろ》われた植物《しょくぶつ》がある。引《ひ》きぬくと根《ね》から血《ち》が流《なが》れ、手《て》につくと洗《あら》っても落《お》ちず、全身《ぜんしん》に赤《あか》いしみが広《ひろ》がっていく。見《み》た目《め》はふつうの草《くさ》だから、要注意《ようちゅうい》。

## 32 帰《かえ》り道《みち》

霊《れい》を家《いえ》につれて帰《かえ》る方法《ほうほう》。墓《ぼ》地《ち》への道順《みちじゅん》に気《き》をつけるといい。行《い》きと帰《かえ》り、まったく同《おな》じ道《みち》を通《とお》るんだ。そうすれば、小《ちい》さな子《こ》どもの霊《れい》が君《きみ》のあとをついていく。

33

# メジルシ

運転手《うんてんしゅ》

おやおや。おぼうさんに止《と》められていたのに……フヒヒ。あ、失礼失礼《しつれいしつれい》。でもまあ、墓地《ぼち》というのはそれだけで、なんだか怖《こわ》いものです。あれ、怖《こわ》くないんですか？ ウヒヒ、そりゃけっこうけっこう。

でも、あまりに怖《こわ》いもの知《し》らずなのも考《かんが》えものです。墓地《ぼち》には、ぜったいに近《ちか》よってはいけないお墓《はか》があるんです。あ、ごぞんじでないようですね？ ウヒ。では、ぜったいに近《ちか》よってはいけないお墓《はか》のメジルシ、お教《おし》えしましょうか。特別《とくべつ》ですよ、ウヒヒヒ……。

お墓《はか》のうしろに立《た》っている、細長《ほそなが》い木《き》の板《いた》、知《し》っていますか？　卒塔婆《そとば》と呼《よ》ばれる板《いた》で、死《し》んだ人《ひと》の名前《なまえ》を書《か》いて供養《くよう》するものです。

近寄《ちかよ》ってはいけない墓《はか》は、この卒塔婆《そとば》にメジルシがあるのですよ。

卒塔婆《そとば》の上《うえ》のほうをよく見《み》ると、五重《ごじゅう》の塔《とう》のようにデコボコしたつくりになっています。これには意味《いみ》がありましてね。上《うえ》の段《だん》から順《じゅん》に、「空《そら》」「風《かぜ》」「火《ひ》」「水《みず》」「地《ち》」をあらわしているのです。

でも、それはほかにも説《せつ》があって、上《うえ》から「頭《あたま》」「首《くび》」「心《しん》ぞう」「へそ」「足《あし》」で、人間《にんげん》の形《かたち》をあらわしているともいわれるのですよ。ほら、もうすでに気味《きみ》がわるいでしょう？　ウヒヒヒ……。

それでね、近《ちか》よってはいけないお墓《はか》には、ちょっと形《かたち》のちがう卒塔婆《そとば》が立《た》っているんです。頭《あたま》と首《くび》の区切《くぎ》りになる切《き》りこみがないんですよ。

これを見《み》つけた女性客《じょせいきゃく》を、昔《むかし》、乗《の》せたことがありましてね。

あるとき、墓場《はかば》の前《まえ》の停留所《ていりゅうじょ》から乗《の》ってきた女性《じょせい》が、

「さっき、おかしな卒塔婆《そとば》があったんです」

と、乗《の》りあわせたおばあさんに話《はな》しているんです。気《き》になって、運転《うんてん》しながらふたりの会話《かいわ》を聞《き》いていると、それは、切《き》りこみのない卒塔婆《そとば》のことだったんですよ。

わたしはこれを聞《き》いたとき「おやおや、マズイな」と直感《ちょっかん》しました。この卒塔婆《そとば》が立《た》っているお墓《はか》に近《ちか》よると、そのあと、首《くび》が切《き》り落《お》とされるような事故《じこ》に遭遇《そうぐう》するからです。……が、見《み》てしまったものはしょうがないですよね。ウヒヒ。

その女性《じょせい》は、つぎの停留所《ていりゅうじょ》で、一度《いちど》バスをおりました。忘《わす》れ物《もの》をしたら

しく、さっきまでいた墓地《ぼち》に、さがしにもどったのです。

　女性《じょせい》がバスをおりて、二《に》～三歩歩《さんぽある》き出《だ》したときに、事故《じこ》は起《お》こりました。猛《もう》スピードで走《はし》ってきたバイクがとつぜん、ハンドル操作《そうさ》をあやまったのか、女性《じょせい》をはねたのです。

　女性《じょせい》の体《からだ》は、そばで工事《こうじ》をしていたショベルカーにむかって飛《と》んでいきました。そして、するどくとがったアームの先《さき》に、首《くび》がザクッ。

　女性《じょせい》の体《からだ》と首《くび》は、血《ち》しぶきをあげて見事《みごと》に切《き》りはなされたのです。わたしのバスの前《まえ》には、血《ち》まみれの首《くび》がごろんと転《ころ》がりました。ウヒヒ。

いいですか、みなさま。せっかく、今日《きょう》お教《おし》えしたのですから、お墓《はか》に近《ちか》づくときにはくれぐれも注意《ちゅうい》してくださいね。お墓《はか》のうしろに立《た》てられている、卒塔婆《そとば》の形《かたち》をちゃんとたしかめてからですよ。

ま、形《かたち》が確認《かくにん》できるくらいまで近《ちか》よったら、もうアウトなんですけどね。ウヒヒヒヒ……。

さて、またお客《きゃく》さまがご乗車《じょうしゃ》になりました。

つぎの停留所《ていりゅうじょ》にむかうといたしましょう。

4章《しょう》
亡《ぼう》霊《れい》湖《こ》前《まえ》
いつきさん、ぼくたちの番《ばん》みたい！
おりて平気《へいき》かなあ…
プシュー…
では、いつきさん、むさしさん、ふたりでおおりください。ウヒ

おふたり、
おりましたね。
ドアを閉《し》めまあす。
なかよくいって
らっしゃあい。
ウヒ…
バタン
湖《みずうみ》かあ。
進《すす》んでみろってことかな？
なんかゲームみたい！
ゲームなわけ
ないじゃない…
今《いま》のバス、
なんだったの…？

# 34 湖《みずうみ》の狂気《きょうき》

「でもさ、ひとりじゃなくてよかったよね！」

「まあね……」

いちおう同意《どうい》してあげたけど、年下《としした》の男子《だんし》なんてたよりになんない。でも、たしかにひとりよりはマシかな。湖《みずうみ》にはうすよごれたボートがうかんでる。これがデートで来《き》たんだったら楽《たの》しいんだろうけど。

「ん？　人《ひと》が乗《の》ってるね」

ボートの上《うえ》には人《ひと》かげが見《み》える。まわりの水面《すいめん》は小《ちい》さく波《なみ》うっていて、進《すす》んでいることがわかった。耳《みみ》をすますと笑《わら》い声《ごえ》が聞《き》こえる。

――アハハハハ

「気味《きみ》がわるい場所《ばしょ》だけど、あんがい、フツーのデートスポットなのかもしれないなあ」

「いつきさん、ぼくたちも乗《の》ろ！」

むさしくんは勇気《ゆうき》があるようで、わたしの手《て》を引《ひ》いてボート乗《の》り場《ば》へつれていった。乗《の》り場《ば》は無人《むじん》で、わたしたちは空《あ》いているボートにかってに乗《の》りこんだ。オールをつかうのはむずかしくて、なかなか先《さき》に進《すす》まない。でも、むさしくんは汗《あせ》だくになって、がんばってこいでくれている。

――アハハハハ

――アハハハハ

オールをつかうのはたいへんなのに、みんななんで笑《わら》ってるんだろ。そんなよゆうがあるなんて。すれちがうボートをふと見《み》る。

「！」

座席《ざせき》にすわっていたのは、人間《にんげん》ではなかった。白骨《はっこつ》だった。

――アハハハハ

――アハハハハ

「いつきさん、ぼく、手《て》が変《へん》だよう」

オールをにぎるむさしくんの手《て》がやせていく。みるみるやせこけて、骨《ほね》だけになりそうないきおいだ。

不気味《ぶきみ》な湖《みずうみ》。うすよごれたボート。笑《わら》う白骨《はっこつ》。やせていく体《からだ》。このままじゃマズイ。きっと、とり返《かえ》しのつかないことになる。

わたしはあわてててむさしくんの手《て》からオールをうばった。全力《ぜんりょく》でボートをこいで岸《きし》につけ、むさしくんを引《ひ》っぱってボートをおりた。これでだいじょうぶ。湖《みずうみ》をふり返《かえ》って見《み》ると、水面《すいめん》に文章《ぶんしょう》がうかび上《あ》がっていた。

35

# 黒《くろ》い藻《も》

夏休《なつやす》み、カナはいなかのおばあちゃんの家《いえ》に来《き》ました。いとこのマサキも来《く》るはずですが、おくれています。カナは、去年《きょねん》マサキと遊《あそ》んだ湖《みずうみ》にひとりで行《い》ってみました。去年《きょねん》は、地元《じもと》の女《おんな》の子《こ》のサエちゃんもくわわり、三人《さんにん》でおんぼろボートに乗《の》って大《おお》さわぎしたのです。

今年《ことし》、湖《みずうみ》はようすがかわっていました。

「あれ、前《まえ》は青《あお》い湖《みずうみ》だったのに、黒《くろ》い湖《みずうみ》になっちゃってる。あ、わかった！　黒《くろ》い藻《も》がいっぱいはんしょくしたんだ」

そのときどこからか、スーッとおんぼろボートがやってきました。

ボートに片足《かたあし》を乗《の》せたとき、マサキの声《こえ》が聞《き》こえました。

「カナ、乗《の》るな！　だめだ乗《の》っちゃー！」

カナはあわてて足《あし》をもどすと、ばっしゃん！　足《あし》が湖《みずうみ》に入《はい》りました。

すると、黒《くろ》い藻《も》が、ワサワサと足《あし》にまきつきはじめたのです。

「きゃー、なにこれ、とれない」

ほどこうとする手《て》にもまきつき、ぐいぐいとカナを湖《みずうみ》に引《ひ》っぱります。

マサキがかけよってきて、リュックからはさみをとり出《だ》すと、からまる黒《くろ》い藻《も》を切《き》りはなしてくれました。

「カナ、ボートに、目《め》も鼻《はな》もくさった女《おんな》の子《こ》が乗《の》ってたの、見《み》えなかったのか？　あれは人《ひと》じゃなかった……」

にぎった手《て》を開《ひら》くと、それは藻《も》ではなく黒髪《くろかみ》でした。

あとで聞《き》いたのですが、サエちゃんは去年《きょねん》の夏《なつ》の終《お》わり、ひとりで湖《みずうみ》で遊《あそ》んでいて、おぼれて亡《な》くなったそうです。

36

# まぼろしの池《いけ》

〈まぼろしの池《いけ》、発見《はっけん》！〉という記事《きじ》を、秘境好《ひきょうず》きが集《あつ》まるサイトで見《み》つけたミキは、思《おも》わず声《こえ》を上《あ》げました。その美《うつく》しい池《いけ》があるのは、Y県《ワイけん》M市《エムし》のH山《エイチさん》。H山《エイチさん》はミキの家《いえ》から自転車《じてんしゃ》で十分《じっぷん》ほどの山《やま》です。今《いま》まで、サイトにアップされた秘境写真《ひきょうしゃしん》をながめて楽《たの》しんでいましたが、まさか、こんな身近《みぢか》なところにまぼろしの池《いけ》があったなんて。

つぎの日《ひ》、ミキはさっそく秘境好《ひきょうず》き仲間《なかま》のサオリをさそいました。お母《かあ》さんには塾《じゅく》に行《い》くとうそをつき、放課後《ほうかご》ふたりで待《ま》ち合《あ》わせをして、山《やま》を目指《めざ》しました。

記事《きじ》を書《か》いた人《ひと》は、池《いけ》までの道《みち》に目《め》じるしを残《のこ》してくれていました。

たんぼのわきから山道《やまみち》に入《はい》り、木《き》にまきついた赤《あか》いひもを目《め》じるしにどんどん山道《やまみち》をのぼると、おじいさんに会《あ》いました。おじいさんはびっくりした顔《かお》で、ミキたちを通《とお》せんぼするように立《た》ちました。

「おまえたち、今《いま》ごろどこへ行《い》く？　まさか池《いけ》じゃないだろうな。山《やま》には、人間《にんげん》が入《はい》っちゃいけない場所《ばしょ》があるんだ。いいかあの池《いけ》は……」

ミキとサオリは、おじいさんのわきをすりぬけて、走《はし》り出《だ》しました。

しばらく行《い》くとまた赤《あか》いひもの目《め》じるしがあって、そこからしげみに分《わ》け入《い》り進《すす》んでいくと、池《いけ》が見《み》えてきました。

「わあ！　きれい。やっぱり来《き》てよかった！」

生《お》いしげる木々《きぎ》のまん中《なか》に、ぽっかりと青《あお》い池《いけ》があります。ミキもサオリも、うっとりとため息《いき》をつきました。

「ねえサオリ、さっきのおじいさん、このあたりの人《ひと》かなあ。変《へん》なこといって、美《うつく》しい池《いけ》をよそ者《もの》には見《み》せたくないんだよ、きっと」

「わたしもそう思《おも》う。でももうだめだね、知《し》っちゃったからー」

ふたりは笑《わら》い、走《はし》って池《いけ》まで行《い》くと、水《みず》に両手《りょうて》をつけました。

「わあ、冷《つめ》たくていい気持《きも》ち」

「ほんと冷《つめ》たい。ねえ、くつもぬいで、足《あし》も入《い》れちゃう？」

ミキとサオリは水《みず》から手《て》を上《あ》げました。そのときです、ふたりの手《て》に痛《いた》みが走《はし》りました。

「熱《あつ》い！　やだ、手《て》が燃《も》えるように熱《あつ》い、痛《いた》いよう！」

「あっ、熱《あつ》い、痛《いた》い、なにこれ」

ふたりは、あわてててまた池《いけ》に手《て》をつっこみました。今度《こんど》は手首《てくび》まで水《みず》につかりました。

「ああ、冷《つめ》たい、痛《いた》くなくなった。でも、これって……」

「ねえ、水《みず》から出《だ》したらまた熱《あつ》くて痛《いた》いの？　ミキなんとかして」

「そんなこと言《い》ったって。あっ、足《あし》に水《みず》が！」

きゅうにふえた水《みず》が、足首《あしくび》まで上《あ》がってきました。ミキはあせって、
水《みず》からにげるように池《いけ》の外《そと》に出《て》ました。さっきよりも手《て》も足《あし》も燃《も》えるよ
うに熱《あつ》く、痛《いた》みで立《た》っていられません。

「熱《あつ》い！　痛《いた》いよー！」

ミキは転《ころ》がって池《いけ》にもどり、胸《むね》まで水《みず》につかってしまいました。水《みず》は
どんどんふえて、サオリも身動《みうご》きがとれません。

池《いけ》の水《みず》は、とうとうふたりの首《くび》まで来《き》てしまいました。

「助《たす》けてー、だれかー」

ふたりの声《こえ》が山《やま》にこだまし、それから、なにも聞《き》こえなくなりました。

## 37

# 赤《あか》いどろ

学校《がっこう》の遠足《えんそく》で、山《やま》のぼりにやってきた英太《えいた》と強《つよし》は、いつのまにか、みんなとはぐれてしまいました。英太《えいた》は文句《もんく》を言《い》いました。

「よりによって、おまえといっしょにはぐれるなんてサイアクー」

「ごめんね、でもぼくはよかったよ。ひとりでこんな暗《くら》い山《やま》の中《なか》を歩《ある》くなんて、怖《こわ》すぎだもん」

「ふん、だからおまえは、強《つよし》のくせに弱《よわ》しなんて呼《よ》ばれるんだよ。体《からだ》はでかいのに、心弱《こころよわ》すぎ」

英太《えいた》はいらいらしていました。さっきから歩《ある》いても歩《ある》いても平《へい》たんな山道《やまみち》です。頂上《ちょうじょう》を目指《めざ》してのぼれば、クラスのみんなと合流《ごうりゅう》できるはずなのに、のぼるような道《みち》がないのです。

ふたりが暗《くら》い森《もり》を進《すす》むと、どす黒《ぐろ》くにごった沼《ぬま》に出《で》ました。沼《ぬま》の向《む》こうを見《み》ると、頂上《ちょうじょう》に行《い》けそうな、のぼり口《ぐち》がありました。

「あそこからのぼれる！　弱《よわ》し、いそぐぞ！」

沼《ぬま》のまわりは赤《あか》いどろで、ぐちょぐちょで、歩《ある》くたびくつにどろがはりつきます。うす気味《きみ》わるい場所《ばしょ》です。

「英太《えいた》くーん、待《ま》ってよー。どろがべとべとだからうもれちゃうよ」

英太《えいた》は、どんどんおくれていく強《つよし》のことは無視《むし》しました。いっこくも早《はや》くここを通《とお》りぬけ、沼《ぬま》の向《む》こうの道《みち》をのぼりたかったのです。

英太《えいた》はますます歩《ある》くスピードを上《あ》げました。どんどん行《い》って、ちょっとだけふり返《かえ》って見《み》ると、沼《ぬま》のわきに立《た》つ木《き》がじゃまで、もう強《つよし》は見《み》えませんでした。ますますどろは赤《あか》くなり、生《なま》ぐさいにおいもします。

とてもここで待《ま》つ気《き》にはなれません。

「弱《よわ》しー、先《さき》に行《い》ってるからなー、まっすぐ沼《ぬま》にそって来《こ》いよー」

英太《えいた》は叫《さけ》んで、また歩《ある》き出《だ》しました。そのとき、だれかが足首《あしくび》をつかみました。英太《えいた》は転《ころ》んでどろの中《なか》にたおれました。

「ねえええ行《い》かないでよー、ひとりはさびしいんだよおー」

（えっ、弱《よわ》し？　ちがう、弱《よわ》しの声《こえ》じゃない……）

顔《かお》を起《お》こして見《み》ると、どろの上《うえ》に、老婆《ろうば》の首《くび》だけがあり、にごった目《め》で、英太《えいた》をじっと見《み》ています。

どろからつき出《で》た骨《ほね》のような手《て》が、英太《えいた》の足首《あしくび》をしっかりつかんでいました。

「うわあああああ、はなせ、その手《て》をはなせ！」

英太《えいた》はもがきましたが、どろにずぶずぶと引《ひ》きずりこまれていきます。

「ひーっひひ、これはどろじゃないよ。くさったあたしの体《からだ》だよお」

老婆《ろうば》が目《め》を見開《みひら》いて笑《わら》いました。

「ううわあーっ、やめてくれ、はなせー、はなしてー」

そこへ強《つよし》が来《き》て、すごい力《ちから》で英太《えいた》をかかえ、引《ひ》き上《あ》げました。

「英太《えいた》くん、沼《ぬま》にはまっちゃったの？　だいじょうぶ？」

「ちがっ、あそこ、あそこに……」

老婆《ろうば》の首《くび》があったあたりを指《ゆび》さしましたが、なにもありません。

「英太《えいた》くん、本当《ほんとう》にだいじょうぶ？　ぼくおんぶしてあげるよ」

強《つよし》は、英太《えいた》をおんぶして歩《ある》き出《だ》しました。

「ねえ、みんなびっくりするよね。英太《えいた》くん全身血《ぜんしんち》だらけみたいだもん。

本当《ほんとう》は赤《あか》いどろなのにねー」

返事《へんじ》もできず、英太《えいた》は、ただガタガタとふるえていました。

## 38

# ボート

その男《おとこ》は、沼《ぬま》のふちまで警察官《けいさつかん》においつめられました。

「止《と》まれ、それ以上《いじょう》行《い》くな、底《そこ》なし沼《ぬま》にはまるぞ！」

男《おとこ》は警察官《けいさつかん》に言《い》われ、いっしゅんたじろぎましたが、沼《ぬま》の上《うえ》にいっそうの古《ふる》いボートがうかんでいることに気《き》づきました。

（あのボートに乗《の》れば、にげられる！）

男《おとこ》は、かかえている男《おとこ》の子《こ》をかかえ直《なお》し、こしまで沼《ぬま》につかりながらもなんとかボートにたどりつくと、ボートに男《おとこ》の子《こ》を乗《の》せ、オールをつかんで沼《ぬま》にこぎ出《だ》しました。

霧《きり》がどんどん深《ふか》くなり、警察官《けいさつかん》のさわぐ声《こえ》が遠《とお》くなりました。目《め》の前《まえ》でおびえている小《ちい》さな男《おとこ》の子《こ》に、男《おとこ》は汗《あせ》をぬぐいながら言《い》いました。

「ごめんな、誘拐《ゆうかい》なんかして。だいじょうぶか？　おじさんといれば、ぜったい家《いえ》に帰《かえ》れるから。金《かね》が手《て》に入《はい》ったら、すぐだよ」

「へー、おじさんといっしょなら、ぜったいおうちに帰《かえ》れるのー？」

うれしそうな声《こえ》が聞《き》こえたかと思《おも》うと、沼《ぬま》から小《ちい》さな手《て》がわらわらと出《で》てきて、ボートにつかまりました。

「あたし帰《かえ》りたいー」「ぼくもー」「乗《の》せて」「いっしょにー」

昔《むかし》、この沼《ぬま》で命《いのち》を落《お》とした子《こ》どもたちが、ボートによじのぼってきたのです。男《おとこ》は、おそろしくなって、先頭《せんとう》の子《こ》どもを沼《ぬま》につき落《お》とそうとしました。しかし手《て》がすべって、自分《じぶん》が沼《ぬま》に飛《と》びこんでしまいました。

「おじさん待《ま》ってー、はなれないよ、いっしょだよおー」

子《こ》どもの幽霊《ゆうれい》たちは、あとをおって、また沼《ぬま》に入《はい》っていきました。

## 39 川《かわ》へ川《かわ》へ……

いつき　むさし

「とにかく歩《ある》こう。ここからぬけ出《だ》そう」

湖《みずうみ》にうかび上《あ》がった文章《ぶんしょう》は、どれも頭《あたま》が狂《くる》ってしまいそうなものばかりだった。今《いま》のは、このあたりで起《お》きたことなの？　……とにかく、なんとか気持《きも》ちを落《お》ちつけて、町《まち》に出《で》なくちゃ。

湖《みずうみ》は川《かわ》につながっていて、わたしたちは川《かわ》にそって歩《ある》きはじめた。しばらく行《い》くと、広《ひろ》い河原《かわら》に出《で》た。

「あれはなんだろ？」

むさしくんが指《ゆび》さしたものは、小石《こいし》がつみ上《あ》げられてできた塔《とう》だった。

「だれかがつくったんだね。ってことは、人《ひと》が来《き》たことがあるってことだよね」

先《さき》に進《すす》むと塔《とう》の数《かず》がふえてきて、つくっている場面《ばめん》に出《で》くわした。五才《ごさい》くらいの子《こ》どもが、一生《いっしょう》けんめい小石《こいし》をつんでいる。その先《さき》を見《み》ると、そうやって石《いし》をつんでいる子《こ》どもが何人《なんにん》もいた。どんどん人《ひと》がふえている。町《まち》が近《ちか》くなってきたのかも。

むさしくんが子《こ》どもたちに声《こえ》をかけた。

「ねえ、ここはどこ？　この先《さき》にはなにがあるの？」

子《こ》どもたちは小石《こいし》をつんでいた手《て》を止《と》めて、こちらを見《み》た。その顔《かお》は青《あお》白《じろ》く、病人《びょうにん》か死人《しにん》のようだった。

——この先《さき》はサンズノカワ……

——ここはサイノカワラ……

——ここは死《し》んだ子《こ》どもたちが集《あつ》まる場所《ばしょ》……

みんな口々《くちぐち》に答《こた》えた。

三途《さんず》の川《かわ》？　賽ノ河原《さいのかわら》？

三途《さんず》の川《かわ》は、人間《にんげん》が死《し》んだあと七日目《なのかめ》にわたる川《かわ》で、手前《てまえ》には賽ノ河原《さいのかわら》があるってなにかで読《よ》んだことがある。賽ノ河原《さいのかわら》は、親《おや》より先《さき》に死《し》んでしまった子《こ》どもたちが、親《おや》を想《おも》いながら石《いし》の塔《とう》をつくる場所《ばしょ》だって。塔《とう》を完《かん》成《せい》させたら成仏《じょうぶつ》できるんだけど、必《かなら》ず完成前《かんせいまえ》に鬼《おに》がこわしに来《く》るから、永《えい》遠《えん》に完成《かんせい》しないんだって。

——ここにいるってことは、君《きみ》たちも死者《ししゃ》だ

——新《あたら》しい仲間《なかま》だ

——ようこそ

——早《はや》く、塔《とう》をいっしょにつくろう

いったいいつから？　この道《みち》を引《ひ》き返《かえ》せば、生《い》き返《かえ》れる？　なら、もどらなきゃ。ここはわたしのいる場所《ばしょ》じゃない。でも、体《からだ》はなぜだか河原《かわら》に引《ひ》きよせられていく。

「ぼくも塔《とう》をつくらなきゃ」

むさしくんが顔《かお》を青白《あおじろ》くさせて、死人《しにん》のような表情《ひょうじょう》で口走《くちばし》った。

# 案《あん》内《ない》図《ず》

## 40 沼《ぬま》が緑色《みどりいろ》なわけ

沼《ぬま》はなぜ緑色《みどりいろ》なのか。じつは、沼《ぬま》は巨大《きょだい》な生《い》き物《もの》の口《くち》で、そこからはき出《だ》されるくさった息《いき》が、沼《ぬま》を緑色《みどりいろ》にしている。この緑《みどり》の水《みず》をのむと、体《からだ》の中《なか》からドロドロにくさって死《し》んでしまう。

## 41 ミサキ

湖《みずうみ》に集《あつ》まっている人《ひと》がいたら、それはミサキという幽霊《ゆうれい》だ。ミサキを目撃《もくげき》した人《ひと》は、彼《かれ》らの仲間《なかま》に引《ひ》きこまれる。仲間《なかま》になったら、毎日明《まいにちあ》け方《がた》になると、足《あし》がかってに湖《みずうみ》にむかうようになる。

# 亡霊湖《ぼうれいこ》

## 42 水《みず》にうかぶもの

湖《みずうみ》や池《いけ》に、白《しろ》い服《ふく》やタオルがうかんでいることがある。これにはけっしてふれてはいけない。ふれた人間《にんげん》は首《くび》をしめられ、水《みず》の底《そこ》にしずめられてしまうからだ。

## 43 呪《のろ》いの歌《うた》

すんだ湖《みずうみ》には、美《うつく》しい声《こえ》をもつ霊《れい》がすんでいる。しかしそれは呪《のろ》いの歌《うた》。きいた人《ひと》は気《き》が狂《くる》い、意味《いみ》不明《ふめい》の歌《うた》を死《し》ぬまで歌《うた》い続《つづ》けることになるという。

44

# 湖《みずうみ》の底《そこ》をのぞいてごらん

運転手《うんてんしゅ》

ところでアナタ、湖《みずうみ》の底《そこ》を見《み》たことはありますか？
湖《みずうみ》や池《いけ》の底《そこ》にはたいてい、どろや砂《すな》などがたまっているものですが、よーく見《み》ると、キラキラ光《ひか》るものが見《み》えることがあるんです。水面《すいめん》がキラキラしているのは光《ひかり》のせいでしょうが、水底《みずぞこ》がキラキラしているっていうのは……なんなんでしょうね？

いや、わたしもよくは知《し》らないんですけどね、そのキラキラの正体《しょうたい》を、見《み》た人《ひと》がいるらしいんですよ。そのお話《はなし》をお聞《き》かせしましょう。ちょっと気味《きみ》のわるい話《はなし》なんですけどね、ウヒヒヒ。

なかのいい、ふたりの男《おとこ》の子《こ》がいましてね。ある夏《なつ》の日《ひ》、片方《かたほう》の子《こ》が、町《まち》はずれにある湖《みずうみ》に探検《たんけん》に行《い》こうって言《い》い出《だ》したんですよ。湖《みずうみ》の底《そこ》のほうに、キラキラ光《ひか》るものがぼんやり見《み》えるから、もぐって、なにがあるのか確認《かくにん》しようってねえ。かわった子《こ》ですよね。ヒヒヒ……。宝物《たからもの》でもしずんでると思《おも》ったんでしょうか。

さそったほうの男《おとこ》の子《こ》は、湖《みずうみ》につくと、パンツ一丁《いっちょう》になって水《みず》の中《なか》へ入《はい》っていきました。友《とも》だちは怖《こわ》くって、ついていくには行《い》ったけれど、水《みず》にもぐる勇気《ゆうき》なんてありません。だから、湖《みずうみ》のほとりで待《ま》ってたんです。意気地《いくじ》なしだなんて笑《わら》わないでやってくださいよ。いっしょにもぐらなくて正解《せいかい》だったんですから。ヒヒヒ。

水《みず》にもぐっていった男《おとこ》の子《こ》は、しばらくしてもどってきました。そして、興奮気味《こうふんぎみ》に言《い》いました。

「最初《さいしょ》、丸《まる》くて白《しろ》っぽいガラス玉《だま》のようなものがたくさん転《ころ》がってるのが見《み》えたんだ。太陽《たいよう》の光《ひかり》が水《みず》の底《そこ》にとどいて、キラキラキラキラとってもきれいだった。ビー玉《だま》みたいだった。でも、もっともっと深《ふか》くもぐっていくと、ビー玉《だま》じゃないってわかったんだ」

「なんだったの？」

「目玉《めだま》だったんだ。眼球《がんきゅう》だよ。湖《みずうみ》の底《そこ》に眼球《がんきゅう》がびっしり。……そうだ、そんなふうにぼくのほうをギロッとにらんだんだ！」

男《おとこ》の子《こ》はいきおいよく手《て》をのばすと、友《とも》だちの目《め》につかみかかりました。

怖《こわ》くなった友《とも》だちは、その手《て》をふりはらい、そのままにげるように帰《かえ》ってしまったんですね。ウヒヒ。

おどろいたのはつぎの日《ひ》です。学校《がっこう》で男《おとこ》の子《こ》に会《あ》うと、彼《かれ》はわけのわからないことをずーっとずーっと言《い》ってい

るんですって。

「ウンウン。湖《みずうみ》、湖《みずうみ》。キラキラ、ビー玉《だま》。ビー玉《だま》は見《み》てるんだ、ぼくたちを、ずっと、ずっと、湖《みずうみ》の底《そこ》から、キラキラって、ビー玉《だま》は見《み》てる。みんなで見《み》てるんだよ。そのうち、ぼくのビー玉《だま》も、あそこに入《い》れられちゃうんだ、はは、ぜったいにげられない。ぼくのビー玉《だま》も、あの湖《みずうみ》にしずむんだ、キラキラ、キラキラ、キラキラ……」

その目《め》はキラキラ光《ひか》って、今《いま》にも顔《かお》からこぼれ落《お》ちそうだったそうですよ。ウーヒッヒッヒ、どうしちゃったんでしょうねえ、怖《こわ》い怖《こわ》い。

さて、またお客《きゃく》さまがご乗車《じょうしゃ》になりました。

つぎの停留所《ていりゅうじょ》にむかうといたしましょう。

5章《しょう》
あれ、なおきも乗《の》ってる。なにこれ、夢《ゆめ》じゃないの?
戦《せん》慄《りつ》旅《りょ》館《かん》前《まえ》
はい、なおきさん、どうぞ、おおりください。ウヒ
わかんない…。でも、呼《よ》ばれちゃったから、とにかくまたね
プシュー…

おおりになりましたので、ドアが閉《し》まりまあす。どうぞ、ごゆっくり。ウヒヒヒヒヒヒヒ…
バタン
ん？なんかここ、知《し》ってるかも。やっぱこれって、夢《ゆめ》のなかか？

45

# 部《へ》屋《や》のかけじく

なおき

ぼくがおろされたのは、旅館《りょかん》の前《まえ》だ。この旅館《りょかん》はどこかで見《み》たおぼえがあるんだけど、どこで見《み》たんだろう？　まだつい最近《さいきん》のような気《き》がするけど。白《しろ》い三階《さんかい》だて、草色《くさいろ》の窓《まど》わく、かべにうめこまれた時計《とけい》……。

「あっ、そうだ！　こないだ来《き》たとこじゃん！」

やっとわかった。先週《せんしゅう》、部活《ぶかつ》の合宿《がっしゅく》で来《き》たところにそっくりなんだ。似《に》てるなんてもんじゃない。つくりが同《おな》じみたい。ただ、合宿《がっしゅく》で泊《と》まった旅《りょ》館《かん》は、こんなに古《ふる》くなかった。あれから長《なが》い年月《ねんげつ》がたったかのようだ。

入《はい》ってみても、だれも出《で》むかえてくれない。ぼくらが泊《と》まった旅館《りょかん》は、客《きゃく》も従業員《じゅうぎょういん》もたくさんいたから、やっぱり似《に》ているだけなのか。

静《しず》まり返《かえ》った廊下《ろうか》を進《すす》むと、ぼくが泊《と》まった部屋《へや》、にそっくりな部屋《へや》があった。十三号室《じゅうさんごうしつ》。この部屋《へや》にぼくも合《あ》わせて五人《ごにん》の部員《ぶいん》が泊《と》まったんだ。

夜《よる》になってもまだねむくなんてなくて、ぼくらはワイワイさわいでいた。テレビを見《み》たりまくら投《な》げをして遊《あそ》んだりしたけれど、もうやることもなくなって——してはいけないイタズラをしたんだっけ。

「おい、やめとけよ」

「だいじょうぶ、バレやしないって。へへへ」

みんなは止《と》めたのに、ぼくは部屋《へや》にかざってあったかけじくに落書《らくが》きをしたんだ。和服《わふく》を着《き》た女《おんな》の人《ひと》がえがかれているかけじくで、部屋《へや》のおくにある床《とこ》の間《ま》に、かざってあったものだ。

そんなことを思《おも》い出《だ》しながら部屋《へや》に入《はい》ると、心《しん》ぞうがドクンと鳴《な》った。

あのかけじくがある！　ひげ、鼻毛《はなげ》など、落書《らくが》きでめちゃくちゃの。

ここはあのときの部屋《へや》？　ずいぶん年月《ねんげつ》がたっているように見《み》えるけれど、やっぱりあのときの部屋《へや》なのか？　これはぼくの落書《らくが》き？

そのとき、かけじくの女《おんな》の人《ひと》がぐらりと動《うご》いた。体《からだ》をねじって、顔《かお》をこちらにむけたんだ。そして、うらみのこもったような目《め》でぼくをにらみつけて言《い》った。

「おまえ、殺《ころ》す」

さわってもいないのに、かけじくがゆかに落《お》ちて、ぼくは「ひっ」と声《こえ》を上《あ》げた。かけじくのかかっていたかべを見《み》ると、メモ書《が》きのようなものが何枚《なんまい》もはってあることに気《き》がついた。

46

# すきま

この旅館《りょかん》は、そうとう古《ふる》い旅館《りょかん》のようです。日本家屋《にほんかおく》で、廊下《ろうか》を歩《ある》くと、ミシミシと音《おと》が鳴《な》ります。わたしが案内《あんない》された部屋《へや》は、カビくさいのが気《き》になりましたが、もう夜《よる》もおそく、長旅《ながたび》でつかれていたので、すぐにふとんに入《はい》ってねてしまいました。

しばらくすると、背中《せなか》がすーすーと寒《さむ》くて目《め》がさめました。すぐに上《うわ》がけをかけなおしましたが、おかしなことに、冷《つめ》たくしめった風《かぜ》が、ふとんの中《なか》にふきこんできます。手《て》でさぐると、ふとんの右《みぎ》がわにすきまが開《あ》いていました。ふとんの中《なか》から、すきまをふさごうと手《て》をのばしたとき、だれかが、手《て》をぎゅっとにぎってきたのです。

「うわあああ」

手《て》をふりほどいてはね起《お》き、まくらもとのあかりをつけると、うす暗《ぐら》い部屋《へや》にはだれもいません。ねぼけたのかと、またふとんにもぐりこむと、今度《こんど》は足首《あしくび》を、だれかにしっかりとつかまれました。

「わあああ、はなせー」

もう片方《かたほう》の足《あし》で、思《おも》いっきりふとんをけり上《あ》げると、全身青白《ぜんしんあおじろ》くヌメヌメとした化《ば》け物《もの》が、足《あし》もとにうずくまって、こちらをじっと見《み》ていました。そして、まっ赤《か》なベロを出《だ》すと、足《あし》のうらをベロンとなめて、ズルリとたたみのへりに消《き》えていきました。

そいつのいたあたりは、ふとんもたたみもじっとりぬれています。そして、わたしの足《あし》のうらは、肉《にく》がけずれて血《ち》だらけでした。

47

# その子《こ》はいくつ？

この旅館《りょかん》ではたらいて、半年《はんとし》になります。今《いま》までは気《き》がつかなかったのですが、二階《にかい》の廊下《ろうか》のつき当《あ》たりに、ひとつ部屋《へや》があります。その前《まえ》で男《おとこ》の子《こ》が、ひざに顔《かお》をうずめて泣《な》いていました。ノックして、「お子《こ》さんが泣《な》いてますよ」と言《い》うと、中《なか》から低《ひく》い女《おんな》の人《ひと》の声《こえ》がしました。

「その子《こ》はいくつ？」

男《おとこ》の子《こ》は指《ゆび》を一本《いっぽん》立《た》てて、「ひとつ」と言《い》うのですが、どう見《み》ても四《よん》才《さい》か五才《ごさい》くらいなのです。わたしが、

「ひとつじゃないでしょ。本当《ほんとう》のこと言《い》わないと、中《なか》に入《はい》れないよ」

と言《い》うと、男《おとこ》の子《こ》は顔《かお》をうずめたまま、

「ひとつだったら、ひとつだよう！」

と、泣《な》きました。すると、中《なか》の声《こえ》が、きゅうにやさしくなって、

「どれどれ。この戸《と》が開《ひら》かなくてねえ。わるいけど、中居《なかい》さん、そっちから引《ひ》っぱってちょうだい」

わたしがドアを引《ひ》くと、目《め》の前《まえ》に女《おんな》の人《ひと》がいました。なんと、その顔《かお》は、血走《ちばし》った目《め》がひとつだけ。そのおくに、やっぱり目《め》がひとつだけの女《おんな》や男《おとこ》がひしめいていて、ドアのすきまから、細《ほそ》い手《て》をワッとのばしてきたんです。思《おも》わず叫《さけ》んでドアを閉《し》めたら、男《おとこ》の子《こ》がぱっと顔《かお》を上《あ》げて、

「ほーら、ぼく、ひとつだよ」

その顔《かお》には、ぱっちりした目《め》がひとつだけ。長《なが》いまつ毛《げ》がうじゃうじゃ動《うご》いて、わたしにむかってのびてきて……。本当《ほんとう》なんです。あの部屋《へや》には化《ば》け物《もの》が閉《と》じこめられているんです。けっして開《あ》けてはいけません。

48

# とろとろ

この旅館《りょかん》の温泉《おんせん》は、どんな病気《びょうき》にもきく、というひょうばんでした。わたしたち老夫婦《ろうふうふ》も、そのうわさにつられて、こんな山《やま》おくまでやってきたのです。ここに泊《と》まって、もう一週間《いっしゅうかん》になります。ふたりとも足《あし》こしが痛《いた》むので、長《なが》く泊《と》まって毎日《まいにち》お湯《ゆ》につかろうと思《おも》っていました。白《しろ》くにごったお湯《ゆ》はとろとろしていて、とてもよくはだになじみ、体《からだ》のしんまで、温《あたた》まります。

「ほかの温泉《おんせん》のお湯《ゆ》とは、全然《ぜんぜん》ちがうわね」

「こんなにとろっとして、いったい、どんな成分《せいぶん》なんだろうなあ」

と、わたしたちは話《はな》していました。

ある夜《よ》ふけ、忘《わす》れ物《もの》をさがしにいった妻《つま》が、ふろ場《ば》から変《へん》な音《おと》がしたと、ふるえながらもどってきました。わたしが行《い》ってのぞいてみると、うす暗《ぐら》い脱衣場《だついじょう》から、ザッ　ザッと音《おと》がして、宿《やど》のおかみさんらしき人《ひと》が、横《よこ》たわった女《おんな》の長《なが》い髪《かみ》をとかしていました。それは、前《まえ》の日《ひ》にいっしょに大浴場《だいよくじょう》にいた女《おんな》の人《ひと》だったのです。髪《かみ》をとかし終《お》えると、おかみさんは、大《おお》きなハサミでじょっきりと切《き》り落《お》とし、だいじそうにふくろに入《い》れました。女《おんな》の人《ひと》は、ぴくりとも動《うご》きません。

おかみさんは、ゆっくりふりむきました。わたしは息《いき》をのみました。いっしゅん、がい骨《こつ》のようなおそろしい顔《かお》が見《み》えたと思《おも》ったら、こちらをむいたときには、すーっといつものおかみさんの顔《かお》になっていたのです。

「ふふ、今《いま》、ふろ場《ば》でたおれた人《ひと》を、かいほうしていたところです。ところで、これは、おくさまの忘《わす》れ物《もの》では？」

おかみさんが手《て》わたしたくしには、長《なが》い髪《かみ》がからみついていました。わたしはそれを放《ほう》り出《だ》して、部屋《へや》ににげ帰《かえ》りました。あの女《おんな》の人《ひと》は、たしかに死《し》んでいました。おかみさんは、死体《したい》の髪《かみ》を切《き》り落《お》としていたんです。

わたしたちは、朝《あさ》になったらすぐにでもここを出《て》ようと思《おも》いました。ところが、おかみさんが、

「あいにく車《くるま》が故障《こしょう》してしまいましてね。駅《えき》までお送《おく》りできないんですよ。もうすこしゆっくりしてお行《い》きなさい」

と言《い》うのです。ここまではけわしい山道《やまみち》で、足《あし》こしのわるい年寄《としよ》りには、とても歩《ある》けるものではありません。

早《はや》くにげ出《だ》したいと思《おも》いながら、なにも知《し》らないふりをしていましたが、昨夜《さくや》、大浴場《だいよくじょう》に入《はい》っていたときのことです。湯《ゆ》ぶねの底《そこ》で、なにか固《かた》いものをふみました。拾《ひろ》ってみると、それは、人《ひと》のつめのようなものでした。まさかと思《おも》っていると、今度《こんど》はじゃりっとしたものが……。それは、細《ほそ》い骨《ほね》でした。なんと、骨《ほね》には指輪《ゆびわ》がはまっているのです。気《き》をつけて底《そこ》をさらってみると、ほかにも、骨《ほね》や歯《は》や、ネックレスが、もう、あとから、あとから……。

わたしは、頭《あたま》からシャワーをあびて、ふろ場《ば》からかけ出《だ》しました。そのとき、見《み》たのです。すっかり温《あたた》まって、ふわふわと気持《きも》ちよさそうに前《まえ》を歩《ある》いていたお客《きゃく》さんが、ボイラー室《しつ》からすっと飛《と》び出《だ》したうでにつかまれて、ぐっと中《なか》に引《ひ》きこまれるところを。そのお客《きゃく》は、わたしたちよりも前《まえ》から、この宿《やど》に泊《と》まっている男《おとこ》の人《ひと》でした。

ここでは、お客《きゃく》を殺《ころ》してにこんだお湯《ゆ》を、大浴場《だいよくじょう》でつかっているにちがいありません。それに気《き》がついてからは、わたしたちは、宿《やど》の食事《しょくじ》も食《た》べられなくなりました。だって、今朝《けさ》、食事《しょくじ》に出《で》たスープ。あのスープの色《いろ》……すくった感《かん》じ……。白《しろ》くにごっていて、とろとろで、温泉《おんせん》のお湯《ゆ》にそっくりなんですから……。

ここの従業員《じゅうぎょういん》はきっと、みんな化《ば》け物《もの》です。もう、この宿《やど》にはいられません。でも、ああ、にげることができないのです。つぎは、わたしたちの番《ばん》かもしれません。むすめやむすこたちにも、この旅行《りょこう》のことは話《はな》さずに来《き》てしまったので、わたしたちが帰《かえ》らなくても、けっしてここを見《み》つけることはできないでしょう。

これを読《よ》んだあなた、もしも町《まち》にもどったら、この宿《やど》のことを世間《せけん》に知《し》らせてください。

もしも、運《うん》よく、あなたが生《い》きて帰《かえ》ることができたら、の話《はなし》ですけれどね。

あなたの幸運《こううん》をいのっております。

どうか、どうか、よろしくお願《ねが》いいたします。

49

# サワガニ

今日《きょう》、宿《やど》のうらで、サワガニがびっしり入《はい》っているバケツを見《み》つけました。小《ちい》さなサワガニは大《おお》きなバケツの中《なか》で、わらわらとうごめいていました。気《き》になってじいっと見《み》ていると、調理場《ちょうりば》のうら口《ぐち》から出《で》てきたおかみさんに声《こえ》をかけられました。

「サワガニ、気《き》になります？」

「いやあ、昨日《きのう》のサワガニ料理《りょうり》がおいしくて。あんなおいしいサワガニは食《た》べたことがなかったものだから、気《き》になっちゃったんです。でも見《み》た目《め》は、ふつうのサワガニですね」

するとおかみさんは、にっこりと笑《わら》いました。その口《くち》はいっしゅん、すーっと耳《みみ》までさけたように見《み》えました。

「栄養《えいよう》がいいので、サワガニがおいしいんです。向《む》こうの沢《さわ》でとれるんですけど、ここのサワガニは食欲旺盛《しょくよくおうせい》でね、だからまよいこんできたのらねことか、のら犬《いぬ》とか……でも、それじゃ小《ちい》さすぎて足《た》りないので、たまには人間《にんげん》とか……。あらやだ、じょうだんですよ。あたしが自分《じぶん》の食《た》べ残《のこ》しをちょっと分《わ》けてやっているくらいです。特別新鮮《とくべつしんせん》なのをね」

おかみさんはけらけら笑《わら》うと、バケツを持《も》ち上《あ》げました。そうして、バケツから女物《おんなもの》のくつをつまみ上《あ》げ、さかさにふって、中《なか》に入《はい》っていたサワガニをぼとぼと出《だ》すと、調理場《ちょうりば》に歩《ある》いていきました。

「今晩《こんばん》も身《み》のつまったサワガニ料理《りょうり》です。たっぷり、めしあがってくださいね」

50

# 窓《まど》から見《み》える枝《えだ》ぶりのいい木《き》

なおき

かべにはりつけてあった紙《かみ》を読《よ》み終《お》えて、身《み》ぶるいした。ふとゆかに落《お》ちたかけじくを見《み》ると、絵《え》の中《なか》の女《おんな》の人《ひと》は、もとのとおり、すました顔《かお》で落書《らくが》きをされている。にらまれたと思《おも》ったなんて、落書《らくが》きを気《き》にしすぎたのかな？　落《お》ちつかなくて、部屋《へや》を見《み》わたした。テーブルの上《うえ》には、湯《ゆ》のみや、きゅうすののったおぼん。そのわきに、この旅館《りょかん》のしおりがあった。

しおりには旅館《りょかん》の写真《しゃしん》、部屋《へや》の写真《しゃしん》、庭《にわ》の写真《しゃしん》などがのっていて、それぞれに説明文《せつめいぶん》がそえられている。庭《にわ》の写真《しゃしん》には大《おお》きな字《じ》で「■■■■の名《めい》所《しょ》　どうぞごゆっくりごらんになってください。ずらりとならぶ▲▲▲▲

が、あなたの目《め》を楽《たの》しませてくれることでしょう」と書《か》かれていた。古《ふる》いしおりなので、文字《もじ》がかすれて見《み》えないところがある。

「名所《めいしょ》かあ。なんの名所《めいしょ》かわかんないけど、有名《ゆうめい》な庭《にわ》なんだな。このあいだ泊《と》まったときは、気《き》づかなかったけど……」

窓《まど》ぎわに行《い》って、外《そと》をながめた。たしかに、カレンダーにでもなっていそうなりっぱな庭園《ていえん》だ。石《いし》の燈《とう》ろうに池《いけ》に橋《はし》。しっかりした太《ふと》い枝《えだ》の松《まつ》がたくさん植《う》えられている。しおりにある「ずらりとならぶ▲▲▲▲」っていうのは、松《まつ》の木《き》のことなのかも？

「絶景《ぜっけい》タイミングは午前四時《ごぜんよじ》と午後四時《ごごよじ》ですよ」

とつぜん声《こえ》がしてふりむくと、旅館《りょかん》の人《ひと》がお茶《ちゃ》を入《い》れに来《き》てくれたようだ。あれ、やっぱり従業員《じゅうぎょういん》がいるんだ。時計《とけい》を見《み》ると、三時五十五分《さんじごじゅうごふん》だった。あとすこしだ。

「今《いま》と風景《ふうけい》がかわるの？」

「ええ。……の名所《めいしょ》ですからね。なるほどなっとく、というような風景《ふうけい》が見《み》られますよ」

「え？　なんの名所《めいしょ》？」

「あ、ほら、はじまりますよ」

旅館《りょかん》の人《ひと》は、庭《にわ》を指《ゆび》さした。木《き》に花《はな》でもさくのかなあ。池《いけ》に噴水《ふんすい》でも上《あ》がるんだろうか。

「……あれは、なに？」

枝《えだ》ぶりのいい松《まつ》の木《き》に、ぼんやりとロープが見《み》えはじめた。そしてその先《さき》にはぶらんと下《さ》がる人間《にんげん》。あれは……首《くび》つり死体《したい》!?　たくさん植《う》えられている松《まつ》の木《き》に、それぞれ首《くび》つり死体《したい》がぶら下《さ》がっている。眼球《がんきゅう》が飛《と》び出《で》そうなほど目《め》を見開《みひら》いて、舌《した》をべろんと出《だ》している無数《むすう》の死体《したい》――。

「どういうこと……」

「ここはね、自殺《じさつ》の名所《めいしょ》なんですよ。枝《えだ》ぶりのいい松《まつ》が有名《ゆうめい》になったせいでしょうか、みんなここに首《くび》をつりに来《く》るんです。首《くび》をつろうとしたとき、枝《えだ》が折《お》れてしまって、死《し》ねなかったという話《はなし》はよくありますから、きちんと死《し》ねるようにりっぱな木《き》が好《この》まれるのでしょう。自殺《じさつ》の多《おお》かった時間帯《じかんたい》になると、こうやって死体《したい》が今《いま》もぼんやり見《み》えるのです。お客《きゃく》さまも、その目的《もくてき》で来《き》たんでしょう?」

（そうだ。どの枝《えだ》がいいだろう……）

ぼくはいつの間《ま》にか、松《まつ》を選《えら》んでいた。

# 案《あん》内《ない》図《ず》

## 51 部屋《へや》のテレビ

旅館《りょかん》やホテルの部屋《へや》にあるテレビをつけっぱなしにしてはいけない。自分《じぶん》の生《う》まれた時刻《じこく》にテレビがついていると、画面《がめん》に自分《じぶん》の死《し》に顔《がお》がうつるから。

## 52 つぼの中《なか》

旅館《りょかん》にあるつぼは、中《なか》をのぞかないほうがいい。のぞいたつもりが、ぎゃくにつぼの中《なか》からにらまれることがある。目《め》があうと、旅行《りょこう》の帰《かえ》りに事《じ》故《こ》にあって死《し》ぬ。

# 戦慄旅館《せんりつりょかん》

**53 窓《まど》からのぞく霊《れい》**

海辺《うみべ》の旅館《りょかん》でねむるときは、窓《まど》ぎわにふとんをしいてはいけない。海《うみ》で死《し》んだ霊《れい》が窓《まど》からのぞきこむからだ。もしそれが嵐《あらし》の夜《よる》なら、窓《まど》の外《そと》に引《ひ》きずり出《だ》され、海《うみ》にしずめられてしまう。

**54 マッサージチェア**

旅館《りょかん》においてあるマッサージチェアがしめっていたら、すわらないほうがいい。そこにすわると背《せ》もたれから青白《あおじろ》いうでがのびてきて、首《くび》をぞうきんのようにしぼられる。

# 55
# いっしょに帰《かえ》ろう

旅行《りょこう》は楽《たの》しいですねえ。見学《けんがく》した場所《ばしょ》、食《た》べた料理《りょうり》、泊《と》まった旅館《りょかん》、いろんなところに思《おも》い出《で》がきざまれます。思《おも》い出《で》を持《も》ち帰《かえ》りたい気持《きも》ちはわかりますが、ものなどを持《も》って帰《かえ》ったりするのはいけませんよ？　ウヒヒ。

もちろんあなたがそんな人《ひと》ではないことくらい、わかっておりますとも！　でもね、気《き》づかないうちに持《も》ち帰《かえ》っちゃうときもあるんですよ。ウヒヒヒ……。

何年《なんねん》か前《まえ》に乗《の》せた女性客《じょせいきゃく》の話《はなし》です。彼女《かのじょ》は部屋《へや》にかざってあった人形《にんぎょう》がずいぶん気《き》に入《い》りましてね。いっしょに写真《しゃしん》を何枚《なんまい》もとったそうです。おかっぱ頭《あたま》の日本人形《にほんにんぎょう》がめずらしかったんですね。だいてい

るところをとったり、食事《しょくじ》のときにも席《せき》につかせていっしょにとったり。

そうやってかまってもらったのがうれしかったのか、どうやら人形《にんぎょう》が意《い》志《し》を持《も》ちはじめたようなんですねえ。人形《にんぎょう》を入《い》れずにとったはずの写真《しゃしん》にまで、すがたが写《うつ》りこむようになったんです。ああ、気《き》持《も》ちがわるい、ヒッヒッヒ。

これだけでも十分《じゅうぶん》気《き》持《も》ちのわるい話《はなし》なんですが、問題《もんだい》はここからです。二泊《にはく》が終《お》わり、旅館《りょかん》を引《ひ》き上《あ》げるときのことでした。彼女《かのじょ》がフロントで料《りょう》金《きん》を精算《せいさん》しようとバッグを開《あ》けると、部屋《へや》の人形《にんぎょう》がそこに入《はい》っていたのです。ウヒヒヒヒヒ……。

彼女《かのじょ》はあわてて部屋《へや》にもどり、人形《にんぎょう》をもとの場所《ばしょ》においてきました。そしてもう一度《いちど》フロントに行《い》くと、人形《にんぎょう》は先回《さきまわ》りしていて、今度《こんど》はカウンターのかげから顔《かお》をのぞかせていたのです。その表情《ひょうじょう》はまるで「つれていってくれ」「いっしょに帰《かえ》ろう」と言《い》っているようだったそうです。

でも、当然《とうぜん》そんなの無視《むし》ですよ。……で、一件落着《いっけんらくちゃく》？　ウヒヒ、まさかまさか。

帰《かえ》りのバスで旅行《りょこう》バッグを開《あ》けた彼女《かのじょ》は「ヒィ！」と短《みじか》い悲鳴《ひめい》を上《あ》げました。そうです、また人形《にんぎょう》が入《はい》っていたんです。彼女《かのじょ》は走《はし》るバスの窓《まど》を開《あ》けて、人形《にんぎょう》を投《な》げすてました。そのあと、駅《えき》の近《ちか》くで彼女《かのじょ》はバスをおりましたが、家《いえ》についてからバッグを開《あ》けて、また悲鳴《ひめい》を上《あ》げたんじゃないでしょうか。ね、きっとそうですよね？あなたもそう思《おも》うでしょ？　ウヒヒ。

おや、またお客《きゃく》さまがご乗車《じょうしゃ》になりました。つぎの停留所《ていりゅうじょ》にむかうといたしましょう。

6章《しょう》
怨《おん》念《ねん》写《しゃ》真《しん》館《かん》前《まえ》
バスからおりたら、夢《ゆめ》からさめるのかな…？
はなさん、はなさん、つきました。おおりください。ウヒ
あれ。ぼくたち、なんでバスに乗《の》ったんだっけ？
プシュー…

はなさん、おおりになりましたね。それでは、よき思《おも》い出《で》を…ウヒヒヒヒ
バタン
あれ…やっぱりなにもかわらないな。夢《ゆめ》じゃないのかな？でも、こんなとこ見《み》たことない。古《ふる》い写真館《しゃしんかん》……？

## 56

# ひいおじいちゃんの写真《しゃしん》

はな

色《いろ》あせた写真《しゃしん》ばかりのウインドー。まるで、時《とき》が止《と》まったかのよう。

「あれ？　これ……ひいおじいちゃん？」

その中《なか》の一枚《いちまい》に、ひいおじいちゃんがいた。わたしが生《う》まれる前《まえ》に死《し》んでしまったけど、アルバムの中《なか》では何度《なんど》も見《み》た。でも、どうしてここに？

よく見《み》ると、ほかにもひいおじいちゃんの写真《しゃしん》があった。どれもたくさんの人《ひと》がひいおじいちゃんをとりかこんでいる。きっと、いつもいっしょにいたなかよしグループなんだ。……あれ？　でも、とちゅうから顔《かお》ぶれが入《い》れかわってる？　最後《さいご》の写真《しゃしん》は、最初《さいしょ》の写真《しゃしん》とは全然《ぜんぜん》ちがう人《ひと》たちだ。

「おじょうさん、この人《ひと》のことを知《し》ってるのですか」

おくから人《ひと》が出《で》てきた。どうやら店《みせ》の人《ひと》らしい。店長《てんちょう》さんかな？

「この人《ひと》、わたしのひいおじいちゃんだと思《おも》うんです」

「毎年写真《まいとししゃしん》をとりにいらしてたんですよ。いつもおおぜい引《ひ》きつれてね」

友《とも》だちが多《おお》かったのかな、とつぶやくと、店長《てんちょう》さんは小《ちい》さく笑《わら》った。

「友《とも》だち？　いやいや。よく見《み》て。まわりの人《ひと》は、怖《こわ》い顔《かお》をしていますす」

たしかに、みんな、ひいおじいちゃんをにらんでいるように見《み》える。

「ひいおじいさんは戦争《せんそう》に行《い》っていたでしょう。この人《ひと》たちは、彼《かれ》が殺《ころ》した兵士《へいし》たちですよ。終戦後《しゅうせんご》もずっととりついたままで、ひいおじいさんはくようを続《つづ》けていました。で、霊《れい》が成仏《じょうぶつ》したか、写真《しゃしん》をとってたしかめていたんですよ。でもいつも霊《れい》たちが写《うつ》るもんだから、がっかりしていた」

「みんな成仏《じょうぶつ》できなかったってこと？」

「いえ、心配《しんぱい》ご無用《むよう》。彼《かれ》が殺《ころ》した人《ひと》の霊《れい》は、じつはもうとっくにみんな、成仏《じょうぶつ》してるんです」

店長《てんちょう》さんは店《みせ》のおくから大《おお》きなカメラをとってきて、レンズをわたしにむけた。そのとたん、ほっぺに、ヒタ、と冷《つめ》たい指《ゆび》がふれた。

「わたしのカメラね、シャッターを切《き》るたびに、ついちゃうみたいなんですよ。霊《れい》が。ひいおじいさんには、もうしわけないことをした」

そう言《い》いながら、ピントをあわせて、シャッターを切《き》ろうとする。

「と、とらないで！　もう帰《かえ》る！」

「ふふ、では、昔話《むかしばなし》をいくつか聞《き》いてから、お帰《かえ》りになってください」

店長《てんちょう》さんはそう言《い》ってカメラを顔《かお》からはずすと、口《くち》だけで笑《わら》った。

## 57

# 暗《あん》室《しつ》

写真《しゃしん》もデジタル化《か》が進《すす》み、当写真館《とうしゃしんかん》の写真《しゃしん》も今《いま》はデジタル。昔《むかし》のように、フイルムを暗室《あんしつ》で現像《げんぞう》することもすくなくなりました。けれど、あの暗室《あんしつ》は、まだずっと使用中《しようちゅう》です。ほら、暗室《あんしつ》のドアに耳《みみ》を当《あ》ててごらんなさい。

「……助《たす》けてー、うわあああ、出《だ》してくれー……」

聞《き》こえましたね？　彼《かれ》はカメラマンです。なんでもとる、うでのよい人《ひと》だった……。彼《かれ》が得意《とくい》だったのは心霊写真《しんれいしゃしん》。古《ふる》い洋館《ようかん》や、閉園《へいえん》になった遊園地《ゆうえんち》などに出《で》かけては写真《しゃしん》をとり、この暗室《あんしつ》で現像《げんぞう》していました。

心霊写真《しんれいしゃしん》は、雑誌《ざっし》やテレビに高《たか》く売《う》れました。しかし、どんどんお金《かね》が入《はい》るのと同時《どうじ》に、どんどん彼《かれ》のこしが曲《ま》がっていったのです。かたや背中《せなか》が痛《いた》くて、まっすぐ立《た》つこともできないと言《い》っていました。

あるとき、暗室《あんしつ》の赤《あか》い光《ひかり》がもれていたのでドアを開《あ》けると、暗室《あんしつ》がまっ赤《か》でした。よく見《み》ると、血《ち》まみれの霊《れい》がおおぜいいて、こちらをギロリとにらんできました。彼《かれ》はといえば、霊《れい》にふみつけられ、こしを折《お》るように写真《しゃしん》を現像《げんぞう》していたのです。彼《かれ》もわたしをギロリとにらみました。

「店長《てんちょう》、開《あ》けないでください、写真《しゃしん》がダメになるでしょう！」

おこってドアを閉《し》め、カギをかけて閉《と》じこもってしまいました。

それから十年《じゅうねん》。いつからか彼《かれ》の悲鳴《ひめい》が聞《き》こえるようになりましたが、けっしてドアが開《ひら》くことはありません。わたしも、もう二度《にど》と開《あ》ける気《き》にはならないのです。

58

# かざられた写真《しゃしん》

この部屋《へや》のかべ一面《いちめん》には、当館《とうかん》で撮影《さつえい》したご家族《かぞく》の記念写真《きねんしゃしん》を、たくさんかざらせていただいております。

こちらの七人家族《しちにんかぞく》の写真《しゃしん》は、五十年前《ごじゅうねんまえ》からここにかざってあります。この写真《しゃしん》を見《み》ると、おじいさま、おばあさま、お父《とう》さまが亡《な》くなられ、三人《さんにん》のお子《こ》さんのうち、下《した》のおふたりがもう亡《な》くなられていることがわかります。お元気《げんき》なのは、お母《かあ》さまと、ご長男《ちょうなん》だけですね。

なぜそんなことがわかるかって？ それは、写真《しゃしん》に写《うつ》っている人《ひと》の目《め》が、教《おし》えてくれます。亡《な》くなった方《かた》の目《め》は、両目《りょうめ》とも、暗《くら》やみのように黒《くろ》く、白目《しろめ》がなくなっているのです。

こちらの家族写真《かぞくしゃしん》は去年撮影《きょねんさつえい》しましたが、あっ……いま全員《ぜんいん》の目《め》が、いっしゅんでまっ黒《くろ》になりました。

おわかい家族《かぞく》なのに、全員《ぜんいん》いっぺんに亡《な》くなられました。なにか事故《じこ》でしょうか。しかし全員黒目《ぜんいんくろめ》になれば、やっと写真《しゃしん》をかべからはずせます。生《い》きている人間《にんげん》が写《うつ》っているあいだは、写真《しゃしん》をはずすと、たいへんなことが起《お》こるのです。

じつは以前《いぜん》、こんなことがありました。

その日《ひ》は、朝《あさ》から雨《あめ》がふる暗《くら》い一日《いちにち》でした。ずぶぬれの男《おとこ》が写真館《しゃしんかん》にとつぜんやってきて、

「おい、あるだろう、あの写真《しゃしん》はどこにかざってあるんだ」

と、ドアをかたっぱしから開《あ》けてさがしはじめたのです。

「どちらさまですか、かってなことをされてはこまります」

わたしは止《と》めましたが、男《おとこ》はらんぼうにふりきり、この部屋《へや》に入《はい》って、かべの写真《しゃしん》をかたっぱしからとっては投《な》げました。

「やめてください！」

「あったぞ！」

男《おとこ》をおさえたそのとき、彼《かれ》は写真《しゃしん》を見《み》つけ、にぎりしめていました。

「この写真《しゃしん》は、もらっていくからな！」

それはわかい両親《りょうしん》と、双子《ふたご》のお子《こ》さんが写《うつ》った家族四人《かぞくよにん》の写真《しゃしん》でした。見《み》ていると写真《しゃしん》の中《なか》の目《め》が、どんどん黒《くろ》くにじんでいきます。とたんに、

「ううう、苦《くる》しいいー」

男《おとこ》がきゅうに胸《むね》をおさえて苦《くる》しみ、そして息《いき》たえたのです。

あとでわかったのですが、男《おとこ》は大酒飲《おおざけの》みで、ある日《ひ》おくさんが双子《ふたご》のお子《こ》さんをつれ、家《いえ》の中《なか》のものを全部《ぜんぶ》持《も》って、どこかへ行《い》ってしまったそうです。思《おも》い出《で》の写真《しゃしん》もすべて失《うしな》った彼《かれ》は、写真館《しゃしんかん》に家族写真《かぞくしゃしん》がかざってあることを思《おも》い出《だ》して、よったいきおいで、とりにきたのです。

写真館《しゃしんかん》に、おそう式《しき》の遺影《いえい》の注文《ちゅうもん》が殺到《さっとう》したのは、そのすぐあとです。全員《ぜんいん》うちで記念写真《きねんしゃしん》をとった方《かた》たちの、遺影《いえい》の注文《ちゅうもん》でした。調《しら》べると、あの男《おとこ》がこのかべからはずした記念写真《きねんしゃしん》に写《うつ》っていた人《ひと》たちばかり……。

どうやら、このかべにかざられた記念写真《きねんしゃしん》は、無理《むり》にとりはずせばまたたくまに目《め》が黒《くろ》くにじみ、その人《ひと》の命《いのち》が終《お》わってしまうようなのです。

ほら、おじょうさんもどうですか、一枚《いちまい》かざりましょうか？　もちろん、あやまって写真《しゃしん》をはずしたり、そんなことはしません。たぶん。

59

# プリントサービス

わが写真館《しゃしんかん》では、新《あたら》しいプリントサービスをはじめました。ご家庭《かてい》のデジタルカメラの画像《がぞう》データを、メールでこちらに送《おく》っていただくと、ご指定《してい》の時間《じかん》までにプリントしておわたしします。自分《じぶん》でプリントするのがめんどうな方《かた》に、たいへん人気《にんき》です。

でも、ときどきおかしなことが……。

すこし前《まえ》、たんじょう日《び》プレゼントをもらってピースする、むすこさんの写真《しゃしん》データが送《おく》られてきました。つぎの日《ひ》、おくさまがプリントをうけとりにきて、その場《ば》で見《み》ると、声《こえ》を上《あ》げました。

「きゃあ、これなに、むすこじゃない、この人《ひと》だれ？」

写真《しゃしん》に写《うつ》っているのは中年《ちゅうねん》の男《おとこ》、しかも目《め》つきがわるく、カメラをにらみつけているように見《み》えます。

「どういうことかしら、こんな人《ひと》はうちに来《き》たことないし、昨日《きのう》画像《がぞう》を送《おく》ったときも、この人《ひと》が写《うつ》った写真《しゃしん》なんか一枚《いちまい》もなかったわ」

わたしは、写真《しゃしん》に写《うつ》っている時計《とけい》が気《き》になりました。はりは四時《よじ》四十二分《よんじゅうにふん》、まさに今《いま》をさしています。

「お客《きゃく》さま、ふしぎなことですが、今現在《いまげんざい》のお家《うち》のようすが写《うつ》っているんじゃありませんか？」

するとお客《きゃく》さまは、青《あお》くなって警察《けいさつ》に電話《でんわ》し、家《いえ》に行《い》ってもらいました。ちょうど、ぬすみをはたらいた男《おとこ》が家《いえ》から出《で》てきて、つかまったのだそうです。

こんなこともありました。お気《き》に入《い》りのいすにすわる年老《としお》いたお父《とう》さまの写真《しゃしん》データを、親孝行《おやこうこう》の男性《だんせい》が送《おく》ってきました。プリントをとりにきたのは午後四時四十二分《ごごよじよんじゅうにふん》。この男性《だんせい》も、写真《しゃしん》を見《み》て声《こえ》を上《あ》げました。

「どうかなさいましたか？　お客《きゃく》さま」

「いやあ、なれないデジカメだから失敗《しっぱい》しちゃったみたいです。おやじ、笑《わら》っていたはずなんだけど、この写真《しゃしん》、目《め》を閉《と》じてるんです。まるで、ねむっているみたいだなあ。まあ、またとり直《なお》します」

そう言《い》って帰《かえ》りましたが、とり直《なお》すことはできませんでした。お父《とう》さまはそのとき、いすにすわって静《しず》かに亡《な》くなられていたのです。

そしてあの日《ひ》。午後四時四十二分《ごごよじよんじゅうにふん》。お客《きゃく》さまがいらっしゃいました。松葉杖《まつばづえ》の方《かた》でした。その方《かた》は、何年《なんねん》も前《まえ》に、ご家族《かぞく》をごびょうきでつぎつぎと亡《な》くされ、ひとりぼっちになったあげく、ひと月前《つきまえ》、お墓参《はかまい》りのあとに車《くるま》にぶつけられ、足《あし》を折《お》ってしまいました。

わるいことが続《つづ》くので、その日《ひ》はご自分《じぶん》の写真《しゃしん》を持《も》って、おはらいに行《い》くというのです。ひと月前《つきまえ》、お墓《はか》で自《じ》どりした写真《しゃしん》のデータを送《おく》ってもらっていましたので、プリントしてお待《ま》ちしていました。

「いらっしゃいませ。お写真《しゃしん》はこちらです。おたしかめください。……どうかなさいましたか？」

「ぼくが写《うつ》ってない。かわりに父《ちち》や母《はは》、妻《つま》や親《しん》せきたちが写《うつ》ってて、あっ、人相《にんそう》のわるい変《へん》なやつを、みんなでふみつけてV《ブイ》サイン？」

「ああそれは、今現在《いまげんざい》の墓地《ぼち》が写《うつ》った写真《しゃしん》です。みなさん、あなたのために、死《し》に神《かみ》をおさえつけたのですね。もうおはらいは、いらないかもしれませんよ」

60

# 思《おも》い出《で》の写真《しゃしん》

うちの写真館《しゃしんかん》は、いくつかの小学校《しょうがっこう》とも契約《けいやく》していて、修学旅行《しゅうがくりょこう》にはカメラマンがついて回《まわ》って、写真《しゃしん》をとるのです。でもついて回《まわ》るのは、カメラマンだけではないのですよ……。

撮影《さつえい》したたくさんの写真《しゃしん》の、半分近《はんぶんちか》くは失敗作《しっぱいさく》です。どれも霊《れい》が写《うつ》っています。霊《れい》は、修学旅行《しゅうがくりょこう》に行《い》く前《まえ》に亡《な》くなった先生《せんせい》です。

先生《せんせい》は亡《な》くなったつもりはなく、生徒《せいと》たちと修学旅行《しゅうがくりょこう》をいっしょに回《まわ》ったので、多《おお》くの写真《しゃしん》に写《うつ》りこみました。生徒《せいと》たちは写真《しゃしん》を手《て》にしておどろきましたが、大好《だいす》きな先生《せんせい》だったので「先生《せんせい》、いっしょに修学旅《しゅうがくりょ》行《こう》に行《い》ってくれたんだ！」と、怖《こわ》がられるどころか、かえってよろこばれたんです。その生徒《せいと》さんたちのときは。

でも、それいらい、どこの学校《がっこう》の写真《しゃしん》にも、先生《せんせい》は写《うつ》ってしまいます。この世《よ》をずっとふらふらしているせいか、顔《かお》もだんだんすごみがまして、今《いま》では片目《かため》は飛《と》び出《で》てぶらさがり、ほほや口《くち》のあたりは肉《にく》が落《お》ち、見《み》るもむざんなすがたです。

こんな霊《れい》が写《うつ》った写真《しゃしん》はだれも買《か》ってくれません。なのでパソコン画《が》面《めん》で一枚《いちまい》ずつ霊《れい》を消《け》し、写真《しゃしん》を修正《しゅうせい》します。すると、旅行中《りょこうちゅう》ずっと霊《れい》がいっしょだったとは知《し》られず、写真《しゃしん》が売《う》れるのです。

それでも、消《け》し忘《わす》れることがたまにあります。そんな写真《しゃしん》を手《て》にしたときは、キーンと耳鳴《みみな》りがしてきます。よく見《み》ると、笑《わら》う生徒《せいと》さんの黒《くろ》目《め》に、先生《せんせい》のすがたが写《うつ》っているんです。どうも霊感《れいかん》の強《つよ》い子《こ》の目《め》には写《うつ》るようですよ、霊《れい》が。

# 61 スピード写真《しゃしん》

はな

「そうだ、せっかく写真館《しゃしんかん》に来《き》たんですから、一枚《いちまい》くらい写真《しゃしん》をとって帰《かえ》ってはいかがです？」

「呪《のろ》いのカメラでとられるなんて、ぜったいいやです！」

「ふふ、それなら、ああいうものもありますよ」

店長《てんちょう》さんが指《ゆび》さしたのはスピード写真《しゃしん》をとる機械《きかい》だった。スピード写真《しゃしん》って、証明書《しょうめいしょ》なんかにはるための写真《しゃしん》だよね。駅前《えきまえ》でスーツすがたのO《オー》L《エル》さんが入《はい》っていくのを見《み》たことがある。プリクラとはどうちがうんだろ。

ちょっととってみようかな。

小《ちい》さい部屋《へや》に入《はい》って、カーテンを閉《し》める。顔《かお》や髪型《かみがた》などが確認《かくにん》できるよう、かがみが前《まえ》についている。いすの高《たか》さを調節《ちょうせつ》して、レンズを見《み》る。

撮影終了《さつえいしゅうりょう》。一分《いっぷん》ほどで写真《しゃしん》が機械《きかい》からはき出《だ》された。

――カシャ

「うーん、イマイチ」

気《き》に入《い》らないからとり直《なお》し。

――カシャ

「……あれ？」

出《で》てきた写真《しゃしん》を見《み》ると、なんとなく首《くび》のまわりだけがピンぼけのような気《き》がした。スピード写真《しゃしん》ってこんなものなのかな。そんなことないよね。

もう一度《いちど》とり直《なお》そう。

――カシャ

「やっぱりなにか写《うつ》ってる……なんなの、これ」
首《くび》のまわりと、かたのあたりに、かげのようなものがある。その前《まえ》にとった一枚《いちまい》よりも、はっきり見《み》える。気持《きも》ちわるいし怖《こわ》いんだけど、気《き》になる。これがなんなのか知《し》りたくて、もう一枚《いちまい》とらずにはいられなくなっていた。
――カシャ
写《うつ》っているものは人《ひと》かげのようにも見《み》える。シャッターボタンをおす手《て》が止《と》まらない。わたしはつぎつぎととり続《つづ》けた。あとすこし、あとすこしで、はっきり見《み》えそう。
――カシャ
――カシャ
とればとるほど、くっきりと見《み》えるようになってくる。かたのあたりにあったのは、やっぱり人《ひと》の顔《かお》だ。見知《みし》らぬ人《ひと》。首《くび》のあたりに見《み》えていたものは、手《て》……？　それはわたしの首《くび》にからみついている。そして、わたしの顔《かお》はというと——目《め》は苦《くる》しそうに見開《みひら》いて、口《くち》からも鼻《はな》からも血《ち》をダラダラ流《なが》している。

「どういうこと……」

写真《しゃしん》から顔《かお》を上《あ》げて、目《め》の前《まえ》にあるかがみを見《み》た。そのしゅんかん、写《しゃ》真《しん》と同《おな》じ顔《かお》をしたわたしと、目《め》があった。

# ウインドー

## 62 泡立《あわだ》つ波《なみ》

海辺《うみべ》で写真《しゃしん》をとるときには、あわ立《だ》った波《なみ》が写《うつ》らないように気《き》をつけたほうがいい。海《うみ》で遭難《そうなん》した人間《にんげん》の死《し》にぎわの顔《かお》が、波間《なみま》からのぞいているときがあるからだ。

## 63 まくらもとでとった写真《しゃしん》

まくらもとでとった写真《しゃしん》が、とつぜん白黒《しろくろ》にかわったら、それは写《うつ》っている人間《にんげん》の死期《しき》が近《ちか》いというサイン。本人以外《ほんにんいがい》がその写真《しゃしん》を見《み》つけると、その人《ひと》も早《はや》く死《し》ぬ。

現像中

# 怨《おん》念《ねん》写《しゃ》真《しん》館《かん》

## 64 首《くび》のうしろからのぞく顔《かお》

かがみを背《せ》にしてとった自《じ》どり写真《しゃしん》には、もうひとりの自分《じぶん》が写《うつ》る。自《じ》どりしている自分《じぶん》の首《くび》のうしろから、死《し》に顔《がお》の自分《じぶん》がのぞきこんでいるのだ。

## 65 必《かなら》ずいる

墓地《ぼち》でとった写真《しゃしん》は、夜中《よなか》の一《いち》〜二時《にじ》にじっくり見《み》てみよう。霊《れい》と写《うつ》っている写真《しゃしん》が一枚《いちまい》は見《み》つかることだろう。どんなに霊感《れいかん》がなくても、必《かなら》ず霊《れい》を見《み》つけるだろう。

## 66 美《び》女《じょ》写《うつ》りカメラ

運転手《うんてんしゅ》

写真《しゃしん》はずいぶん身近《みぢか》なものになりましたねえ。なんせ、ほら、今《いま》はケータイやらスマホやらにカメラがついているでしょう？ 友《とも》だちといっしょにカシャッ、ペットといっしょにカシャッ、自分《じぶん》ひとりでもカシャッ。さぞかし楽《たの》しいことでしょう。ウヒヒ、自《じ》どりってやつですね。そして、そのあとはアレでしょ、アプリで加工《かこう》。もとの顔《かお》がわからないくらい加工《かこう》しちゃってますもんねえ。ウヒヒ、みなさんもやってるんでしょう？

そうそう、あるお客《きゃく》さまの話《はなし》です。よくご乗車《じょうしゃ》になる女《おんな》の子《こ》だったんですが、ぱったり顔《かお》を見《み》なくなりましてねえ。このあいだ、以前《いぜん》その子《こ》とよくいっしょにいた子《こ》が、話《はな》しているのを聞《き》いてしまったんですよ。この話《はなし》がまた、ユカイユカイ……ウーッヒッヒッヒ。あ、失礼《しつれい》。

じゅうぶんかわいい顔《かお》をしたおじょうさんだったんですけどね、自《じ》どりした写真《しゃしん》をいじらずにはいられなかったんです。女心《おんなごころ》ってやつでしょうかねえ、ウヒヒヒ。はだをきれいにして、目《め》を大《おお》きくして、あごをシュッとさせるのにはまっちゃいましてね。写真全部《しゃしんぜんぶ》、加工《かこう》していったそうです。でも正直言《しょうじきい》って、そんな風《ふう》にいじった写真《しゃしん》って全然《ぜんぜん》きれいに見《み》えませんねえ。ウヒヒ。ま、好《この》みの問題《もんだい》ですかねえ？

そうしているうちにとうとう事件《じけん》が起《お》こったんですよ。彼女《かのじょ》の顔《かお》がしだいにかわりはじめたんです。まず、目《め》が大《おお》きくなりはじめました。

そう、加工《かこう》してつくった顔《かお》と同《おな》じような大《おお》きな目《め》になったんです。かわいいんじゃないかって？　とんでもないですよ、いじった画像《がぞう》のような顔《かお》なんて、本当《ほんとう》にいたら不自然《ふしぜん》で不気味《ぶきみ》なだけです。ウヒヒヒヒ。

目《め》と同《おな》じように、あごも、加工《かこう》した顔《かお》と同《おな》じようにとがりはじめました。そしてはだも、プラスチックのようにつるつるになりました。みなさん、想像《そうぞう》してみてくださいよ。巨大《きょだい》な目《め》にとんがったあご、プラスチックのようなはだ……。まるで宇宙人《うちゅうじん》です。

本人《ほんにん》もパニックだったそうですよ。学校《がっこう》でもうわさになって、ほかのクラスの子《こ》たちも見《み》に来《く》るし、友《とも》だちだけでなくて、家族《かぞく》にまで気味《きみ》わるがられるし。

彼女《かのじょ》は画像加工《がぞうかこう》が原因《げんいん》だと気《き》づいて、修正《しゅうせい》しようとしました。今《いま》まで加《か》工《こう》した画像《がぞう》を全部《ぜんぶ》、もとの顔《かお》にもどそうとしたんですね。でも、やればやるほどもとの顔《かお》からかけはなれたものになっていく。もうめっちゃくちゃ。
ウヒヒヒヒ。
そこで、彼女《かのじょ》はひらめきました。

「そうだ、リセットすればいいんだ！」
リセットボタンをおせば、今《いま》までの加工《かこう》がとり消《け》されて、はじめの顔《かお》にもどるはず。彼女《かのじょ》は、まよわずリセットボタンをおしました。すると、とつぜん、目《め》の前《まえ》がまっ暗《くら》になりました。……なぜだと思《おも》います？　ヒヒヒ、目《め》がなくなったんです。リセットってそういうことだったんですね、彼女《かのじょ》は目《め》も鼻《はな》も口《くち》もない、のっぺらぼうになっちゃったんですよ、ウヒヒヒ。

おや、あなたも加工《かこう》が得意《とくい》なんですか。へえ、不自然《ふしぜん》なほどとがった鼻《はな》がお好《す》きなんですね。いつか本当《ほんとう》にそうなれるといいですねえ～。きっとなれますよ、ウーヒッヒッヒ！

さて、またお客《きゃく》さまがご乗車《じょうしゃ》になりました。
つぎの停留所《ていりゅうじょ》にむかうといたしましょう。

7章《しょう》
やったー遊園地《ゆうえんち》だって！
よくわかんないけど、ラッキー！
奇《き》怪《かい》遊《ゆう》園《えん》地《ち》前《まえ》
くうがさん、とうまさん、おおりください。遊園地《ゆうえんち》です
プシュ〜…

おおりになったようなので、ドアを閉《し》めまあす。思《おも》いきり、はじけちゃってください。ウヒヒヒヒ…
バタン
あれ、でもこの遊園地《ゆうえんち》、なんかちょっと変《へん》じゃないか…?
た、たしかに…。でももうおりちゃったぜ

67

# ゆ・う・え・ん・ち

とうま　くうが

ふだんだったら遊園地《ゆうえんち》は大《だい》かんげい。けど、きゅうにおろされた、この遊園地《ゆうえんち》は気味《きみ》がわるい。入《はい》れってこと？　くうがも不安《ふあん》そうな顔《かお》をしてる。

「ウフフ。お客《きゃく》さま、入場《にゅうじょう》はこちらです。本日《ほんじつ》のご入場《にゅうじょう》は無料《むりょう》ですよ」

まよっていると、はでなかっこうをしたピエロが声《こえ》をかけてきた。

「無料《むりょう》？　タダだってよ」

「なら、入《はい》ってみようか」

テンションが下《さ》がっていたぼくらだったけれど、無料《むりょう》と聞《き》いてすこしは元気《げんき》が出《で》た。損《そん》はしないだろうから入《はい》ってみよう。

受付《うけつけ》に行《い》くと、リストバンドをくれた。これを見《み》せれば乗《の》り物《もの》も乗《の》り放題《ほうだい》になるんだな。家族《かぞく》で行《い》った遊園地《ゆうえんち》でも、このシステムがあったっけ。

ぼくらはリストバンドを手首《てくび》にまきつけて、中《なか》に入《はい》った。

みょうに静《しず》かだ。この遊園地《ゆうえんち》が不気味《ぶきみ》な感《かん》じがするのは、静《しず》かだからだと思《おも》う。人《ひと》はいるし、乗《の》り物《もの》も動《うご》いているというのに、話《はな》し声《ごえ》も笑《わら》い声《ごえ》も聞《き》こえないんだ。ジェットコースターからは叫《さけ》び声《ごえ》も聞《き》こえてこない。音《おん》楽《がく》も流《なが》れていない。物音《ものおと》もなく人《ひと》が歩《ある》いて、乗《の》り物《もの》が動《うご》いている。

「ようこそ、ゆ・う・え・ん・ち・へ……」

さっきのピエロがうしろについてきていた。

手首《てくび》がなんだか冷《つめ》たく感《かん》じたのはそのときだった。見《み》ると、まいたリストバンドが、血《ち》まみれのハンカチにかわっていた。まっ赤《か》にそまったハンカチが、手首《てくび》にまきついていたんだ。

「ゆうえんちのゆうは、ゆうれいのゆう」

ピエロが楽《たの》しそうに話《はな》しはじめた。

「ようこそ、ゆうれいの遊《あそ》び場《ば》、ゆうえんちへ。血《ち》にそまったリストバンドで、いろんなアトラクションをお楽《たの》しみください」

ピエロがおどけて言《い》いながら、園内案内《えんないあんない》の看板《かんばん》を指《ゆび》さした。看板《かんばん》には無数《むすう》の血《けっ》こんがついている。看板《かんばん》の一番上《いちばんうえ》に書《か》かれている「遊園地案内図《ゆうえんちあんないず》」の文字《もじ》。よく見《み》ると、「遊《ゆう》」の字《じ》が、幽霊《ゆうれい》の「幽《ゆう》」になっていた。

「迷子《まいご》にならずに、事故《じこ》も起《お》こらずに、ぶじに帰《かえ》れるといいですね……ご案内《あんない》しますよ」

ピエロは笑《わら》いながらぼくらをうでをギュウッとつかむと、歩《ある》きだした。

68

# メリーゴーランド

こんにちは！　メリーゴーランドにお乗《の》りになりますか？　この遊園《ゆうえん》地《ち》のメリーゴーランドは、かなり古《ふる》く、外国《がいこく》でつくられ日本《にほん》にわたってきた、とても貴重《きちょう》なものです。今《いま》は電動《でんどう》にかわりましたが、大昔《おおむかし》は地下《ちか》に小《ちい》さな部屋《へや》があり、人《ひと》が入《はい》ってぐるぐるおして回《まわ》していました。

あれ、もしかしてお気《き》づきですか？　メリーゴーランドが回《まわ》るたびに、かすかなうめき声《ごえ》がする。はい、おっしゃるとおりです。

去年《きょねん》の夏《なつ》の夜《よる》のことです。閉園後《へいえんご》の遊園地《ゆうえんち》に、四《よっ》つの人《ひと》かげがありました。いたずらざかりの中学生《ちゅうがくせい》が、夜《よる》の遊園地《ゆうえんち》を楽《たの》しもうとしのびこんだのです。でも、電源《でんげん》の落《お》ちた動《うご》かない遊具《ゆうぐ》は、全然《ぜんぜん》おもしろくありま

せん。四人《よにん》はメリーゴーランドに移動《いどう》し、馬《うま》にまたがりました。

「なんだよ動《うご》けよ、ばか馬《うま》め、つまんねーな」

「ベルトをムチがわりにたたけば動《うご》いたりしてー」

みんなふざけて、ズボンのベルトをぬくと、ビチッ！、バチッ！と乗《の》っている馬《うま》をたたき、さわぎはじめました。すると、ふしぎなことにメリーゴーランドが動《うご》きました。ぐる、ぐる、はじめはゆっくり、でもどんどん速《はや》く、ぐるぐるぐるぐるるるるるるーーーーー！

「わああ、止《と》めてくれー、助《たす》けてー、うわああああああー」

必死《ひっし》に馬《うま》にしがみつき叫《さけ》びましたが、止《と》まりません。数時間後《すうじかんご》にやっと止《と》まったときには、彼《かれ》らのすがたはどこにもありませんでした。

その日《ひ》から、メリーゴーランドが回《まわ》るたび、声《こえ》が聞《き》こえるようになりました。まるでだれかが、下《した》で回《まわ》しながらうめいているような声《こえ》です。

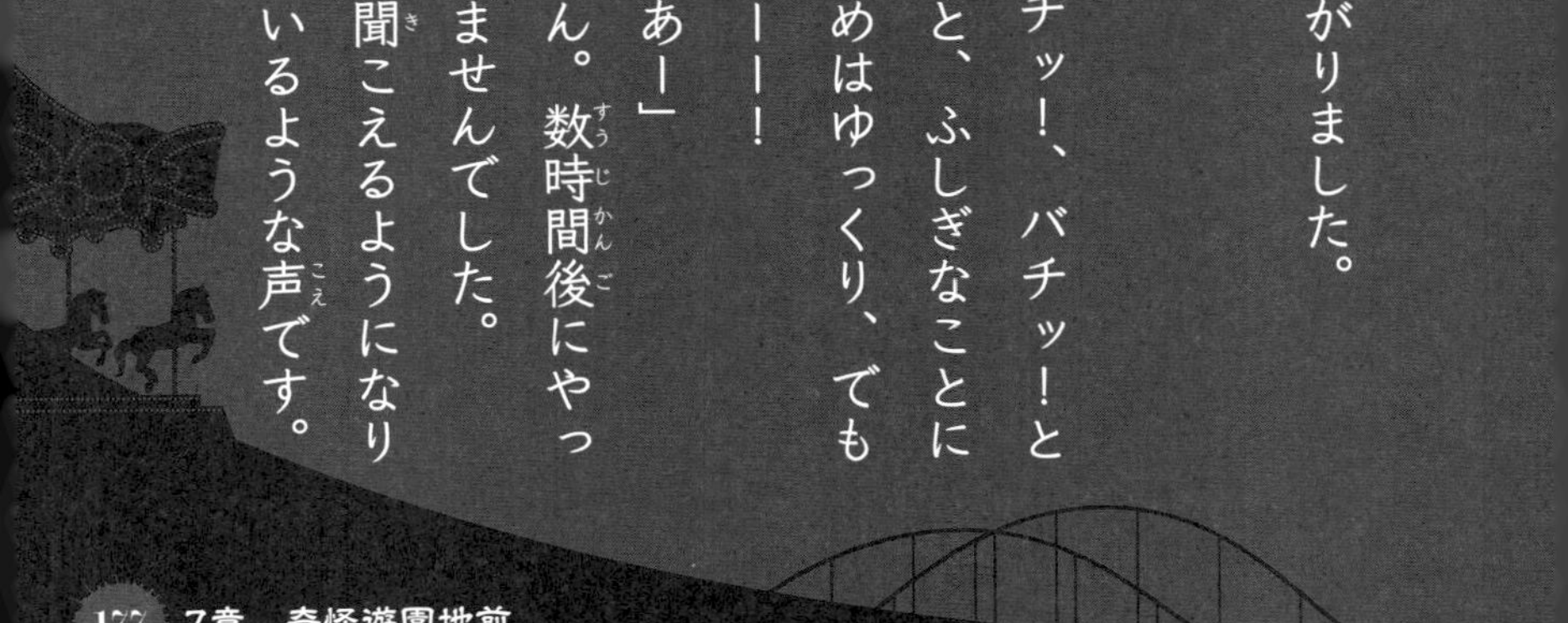

69

# 処《しょ》刑《けい》場《じょう》のあと

こちらは、コーヒーカップ乗《の》り場《ば》です。お待《ま》ちになっているあいだに、昔《むかし》の話《はなし》をしてあげましょうか。

前《まえ》にはたらいていた人《ひと》に話《はなし》を聞《き》いたのですが、あるとき、コーヒーカップに乗《の》っていた人《ひと》が、事故《じこ》にあったそうです。

わかい人《ひと》たちで、ふざけて、キャーキャー笑《わら》いながらカップを回《まわ》していたらしいのですが、だんだん調子《ちょうし》に乗《の》ってきて、そのうちに、たいへんな速《はや》さになってしまったんですって。

止《と》めようとしても、どうにもならなくて、そのうち、声《こえ》も出《だ》せないくらい、ものすごいスピードになってしまったんです。

順番待《じゅんばんま》ちのお客《きゃく》さんがさわぎだして、係員《かかりいん》が、あわてて機械《きかい》を止《と》めようとしたとき……。なにかが、コーヒーカップから飛《と》びだして、ドン、ドン、ドン、と、ゆかに転《ころ》がりました。

なんと、それは、乗《の》っていた三人《さんにん》の頭《あたま》だったんです。それから、新聞《しんぶん》にのったり、テレビの取材《しゅざい》が来《き》たり、もう、大《おお》さわぎになりました。

でも、いくら速《はや》く回《まわ》したとしても、そんなにかんたんに首《くび》が飛《と》ぶなんてこと、あるはずないでしょう。それで、警察《けいさつ》や学者《がくしゃ》が何度《なんど》も調《しら》べましたが、原因《げんいん》はわからなかったそうです。

それから、さまざまなうわさが立《た》ちました。そのなかでも一番《いちばん》もっともらしかったのは、ここが昔《むかし》、処刑場《しょけいじょう》だったらしいという話《はなし》です。

なんでも、重《おも》い罪《つみ》をおかした人《ひと》たちが、おとのさまのおさばきをうけて、ここで、首《くび》をはねられていたとか……。つまり、首《くび》をはねられた罪《ざい》人《にん》たちの、たたりではないかって。それから、もう事故《じこ》がないように、手《て》あつく供養《くよう》したということですが……。

でも……。じつは最近《さいきん》、どうも変《へん》なんです。わたし、ときどき、まぼろしのようなものを見《み》るんです。

お客《きゃく》さんたちが楽《たの》しそうにカップに乗《の》っているでしょう。なかには、カップをぐるぐる回《まわ》して遊《あそ》ぶ人《ひと》たちもいますね。

そうするとね、カップのあいだを、黒《くろ》いかげがさっと走《はし》るのです。はじめは、つかれていて目《め》のさっかくかなって思《おも》ったんですが……。

その人《ひと》、昔《むかし》のおさむらいのかっこうをして、刀《かたな》をふり回《まわ》しているんです。一度《いちど》、顔《かお》がちらっと見《み》えたんですが、血走《ちばし》った目《め》が本当《ほんとう》に恐《おそ》ろしかっ

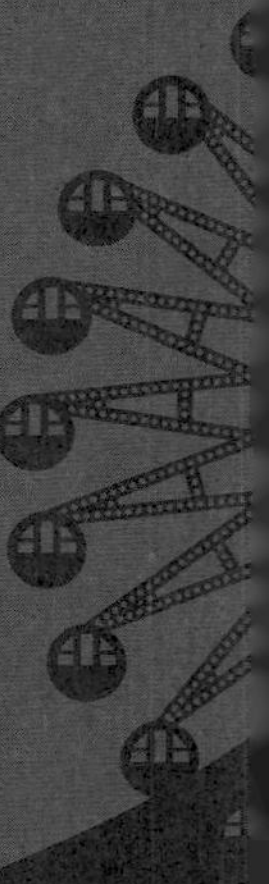

た。でも、今《いま》にも泣《な》き出《だ》しそうな顔《かお》をしていて……。もしかしたら、あの事故《じこ》は、亡《な》くなった罪人《ざいにん》のせいじゃなかったのかもしれないって、わたし、思《おも》っているんです。おとのさまの命令《めいれい》で、いやいや首《くび》をきり続《つづ》けていた人《ひと》が、狂《くる》ってしまって、今《いま》もさまよい出《で》ているんじゃないかって。

ほら、見《み》えるでしょう? また立《た》っていますよ。あそこに。

70

# 赤《あか》いゴーカート

ようこそ、ゴーカート乗《の》り場《ば》へ！

ゴーカートといえば、少々《しょうしょう》らんぼうな運転《うんてん》が楽《たの》しいものです。でも、あまり度《ど》がすぎますと、たいへんな目《め》にあうことがありますので、ご注《ちゅう》意《い》ください。

たとえば、あのときみたいに……。

昔《むかし》、なかのいい五人《ごにん》の男《おとこ》の子《こ》たちがいました。みんなゴーカートが大好《だいす》きで、ほかの乗《の》り物《もの》には目《め》もくれません。それぞれお気《き》に入《い》りの車《くるま》も決《き》まっていました。

はじめは、広場《ひろば》をふつうに走《はし》らせていましたが、

そのうち、車《くるま》をぶつけあって遊《あそ》ぶようになりました。そのなかで、アタルくんというおとなしい子《こ》だけは、らんぼうな運転《うんてん》はしたがりませんでした。ある日《ひ》、ススムという子《こ》が言《い》いました。

「おい、アタル。おまえもぶつけてみろよ」

「ぼく、やりたくないよ」

「弱虫《よわむし》だな。怖《こわ》いんだろう」

「そういうわけじゃないけど、ぶつけるの、好《す》きじゃないんだ」

でも、それがほかの子《こ》たちには、おもしろくなかったのでしょう。あんなになかがよかったのに、ふしぎなものですが、それからアタルくんはいじめられるようになりました。みんなでつぎつぎにアタルくんの車《くるま》に追《つい》とつしたり、通《とお》せんぼしたり、とりかこんで、車《くるま》からおりられないようにしたりするのです。

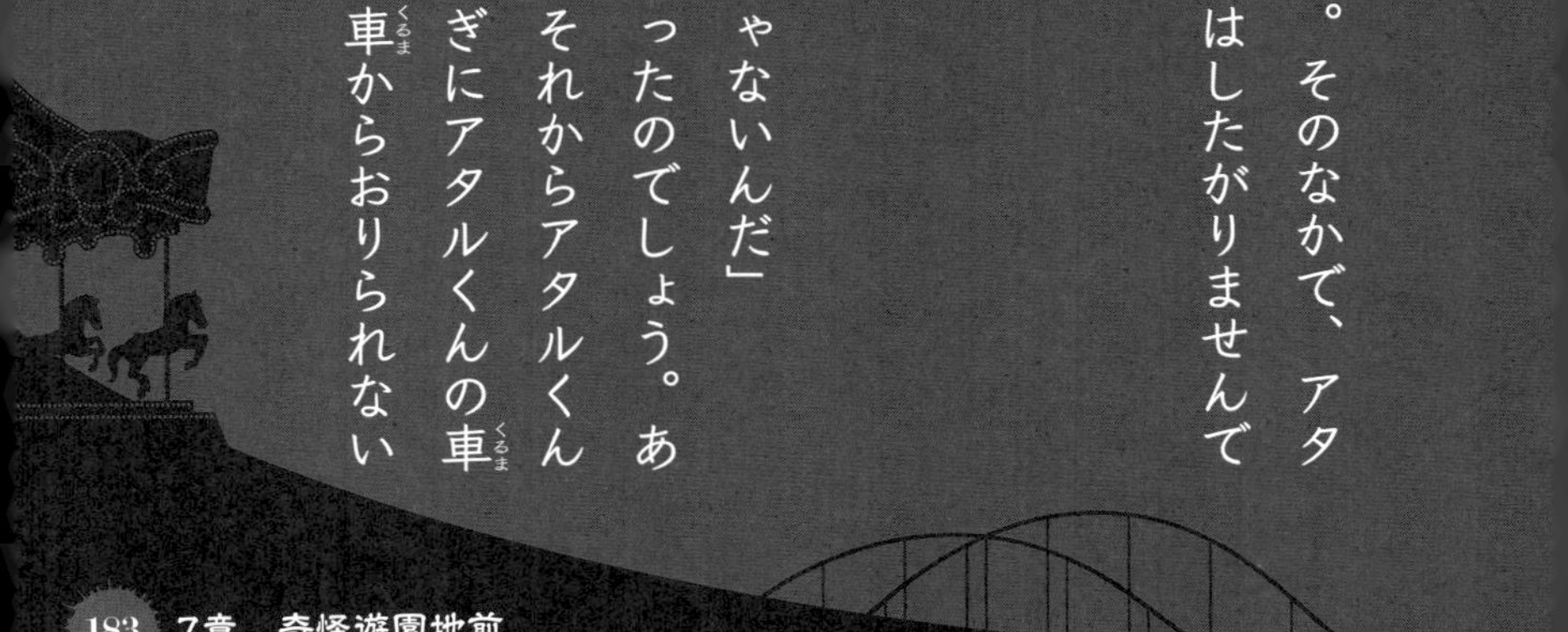

みんなのいじめはどんどんエスカレートして、とうとうあるとき、四《よ》人《にん》にさんざんおい回《まわ》されたアタルくんは、泣《な》きながら遊園地《ゆうえんち》を飛《と》びだしました。そこへ運《うん》わるく車《くるま》がやってきて、アタルくんは車《くるま》にはねられ、亡《な》くなってしまいました。

残《のこ》された四人《よにん》は、しばらくはしょんぼりしていました。でも、それも長《なが》くは続《つづ》きませんでした。ほとぼりが冷《さ》めると、またこりずに、ゴーカートで遊《あそ》びはじめたのです。

ただ、アタルくんがいなくなって、いじめる相手《あいて》がいなくなったことが、四人《よにん》の遊《あそ》びをつまらなくしているようでした。そのうち、四人《よにん》のなかから、新《あら》たな「アタル役《やく》」が選《えら》ばれました。マコトです。ススムたちは、今度《こんど》はマコトの車《くるま》に自分《じぶん》の車《くるま》をぶつけたり、通《とお》せんぼをしたりして、遊《あそ》ぶようになりました。

そんなある日《ひ》。ススムはいつもどおり、お気《き》に入《い》りの青《あお》い車《くるま》に乗《の》ろうとしましたが、どういうわけか、どこにも見当《みあ》たりません。しかたなく、残《のこ》っていた赤《あか》い車《くるま》に乗《の》ることにしました。それは、アタルくんが好《す》きだった車《くるま》でした。

ススムがシートにすわると、おかしなことが起《お》きました。手《て》がハンドルにはりついて、とれなくなったのです。そして、ゆるかったシートベルトが、グイグイとすごい力《ちから》でしめあげてきました。こしを見《み》ると、ベルトではなく、子《こ》どものうでがまきついています。ススムは悲鳴《ひめい》を上《あ》げました。

「うわーっ、ア、アタルのシャツだ！」
足《あし》がかってにアクセルをふみつけます。車《くるま》はもうスピードで発進《はっしん》し、乗《の》ろうとしていた仲間《なかま》の車《くるま》に追《つい》とつしました。
「ぐえっ」
その子《こ》は車《くるま》と車《くるま》にはさまれて、くずれ落《お》ちました。

赤《あか》い車《くるま》は止《と》まりません。ターンしてもどると、ぼうぜんと見《み》ているマコトの前《まえ》で、もうひとりの子《こ》をはね飛《と》ばしました。

「おい、止《と》めろ、止《と》めるんだ！」

まわりは大《おお》さわぎになりました。ススムは血走《ちばし》った目《め》でハンドルをにぎっています。車《くるま》は、急《きゅう》ブレーキをかけたり、スピンしたりしながら、めちゃくちゃに走《はし》りました。もう、走《はし》っているのは一台《いちだい》だけです。

「あっ、あぶない！」

だれかが叫《さけ》びました。もうスピードで走《はし》っていた赤《あか》いゴーカートがふわっとうかび、さくを高々《たかだか》と飛《と》びこえたのです。そこには、大《おお》きな木《き》が立《た》っていました。

グサッ！

折《お》れた枝《えだ》が、ススムののどにつきささりました。

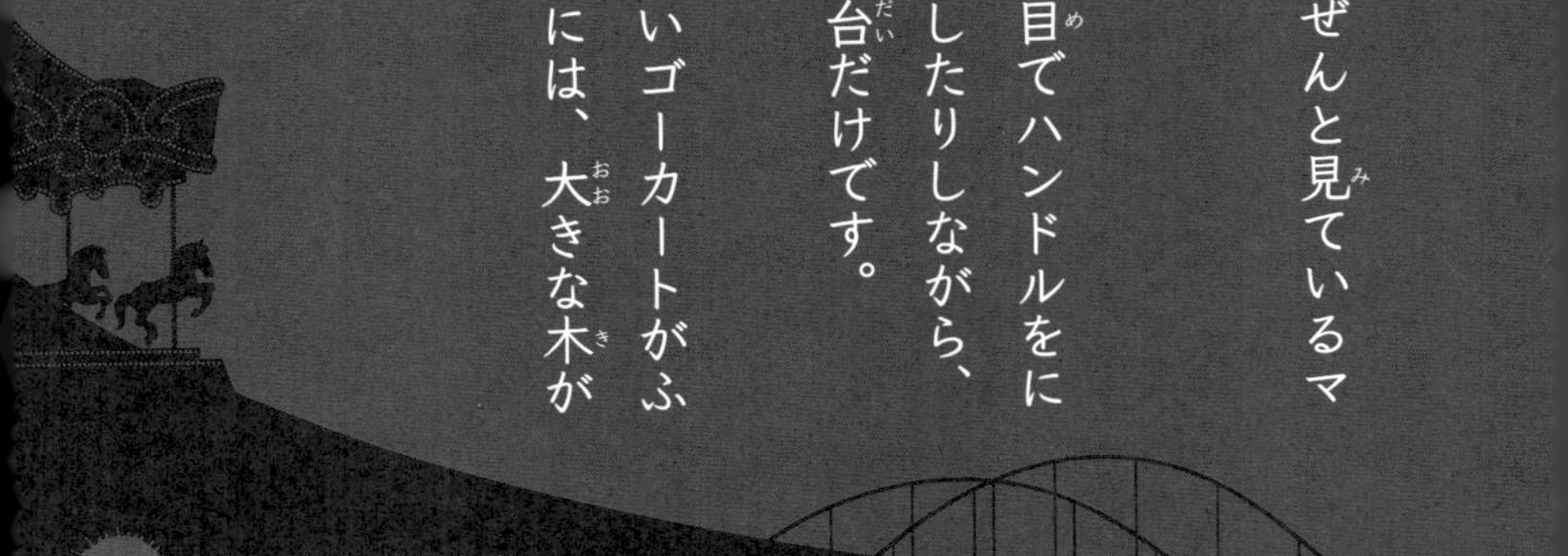

71

# ふたり乗《の》りのはず

こちらは、ジェットコースター乗《の》り場《ば》です。お客《きゃく》さま、二名《にめい》さまでお乗《の》りになりますか？　このコースターは、ふたり以上《いじょう》は乗《の》れませんので、きまりはお守《まも》りください。

いえ、こんなに注意《ちゅうい》しても、こっそり乗《の》ってしまう人《ひと》が、ときどきいるんですよ。まったく、ここでひとり数《かぞ》えて、確認《かくにん》しているんですけれどね。どうやってわりこむのか、本当《ほんとう》にうまい手《て》をつかうものです。それも、どうやら、毎回同《まいかいおな》じ子《こ》どものようなのですよ。こまったものですねえ。

昔《むかし》、この遊園地《ゆうえんち》では、べつのふたり乗《の》りのコースターが走《はし》っていたんですが、古《ふる》くなったので、最新式《さいしんしき》のマシンにかわりました。古《ふる》いコースターに乗《の》れる最後《さいご》の日《ひ》には、たくさんのお客《きゃく》さまがいらっしゃって、乗《の》り場《ば》の前《まえ》に、長《なが》い列《れつ》ができたそうです。ところがその日《ひ》、ひとりの男《おとこ》の子《こ》がふざけて、コースターの走行中《そうこうちゅう》に立《た》ち上《あ》がり、転落《てんらく》して亡《な》くなったのです。不幸《ふこう》な事故《じこ》でございました。

その後《ご》、コースターが新《あたら》しくなってからです。ふたり用《よう》の座席《ざせき》に、子《こ》どもがいつのまにか、ちゃっかり乗《の》りこむようになったのは。ふしぎなことに、乗《の》るときもおりるときも、だれも、まったく気《き》づかないのです。

え？　それなのに、どうして乗《の》ったとわかるのかって？

あそこにはってあるスナップショットを見《み》てごらんなさい。ほら、いるじゃありませんか！　ふたりのお客《きゃく》さんのあいだに、青《あお》ざめた男《おとこ》の子《こ》がひとり……。

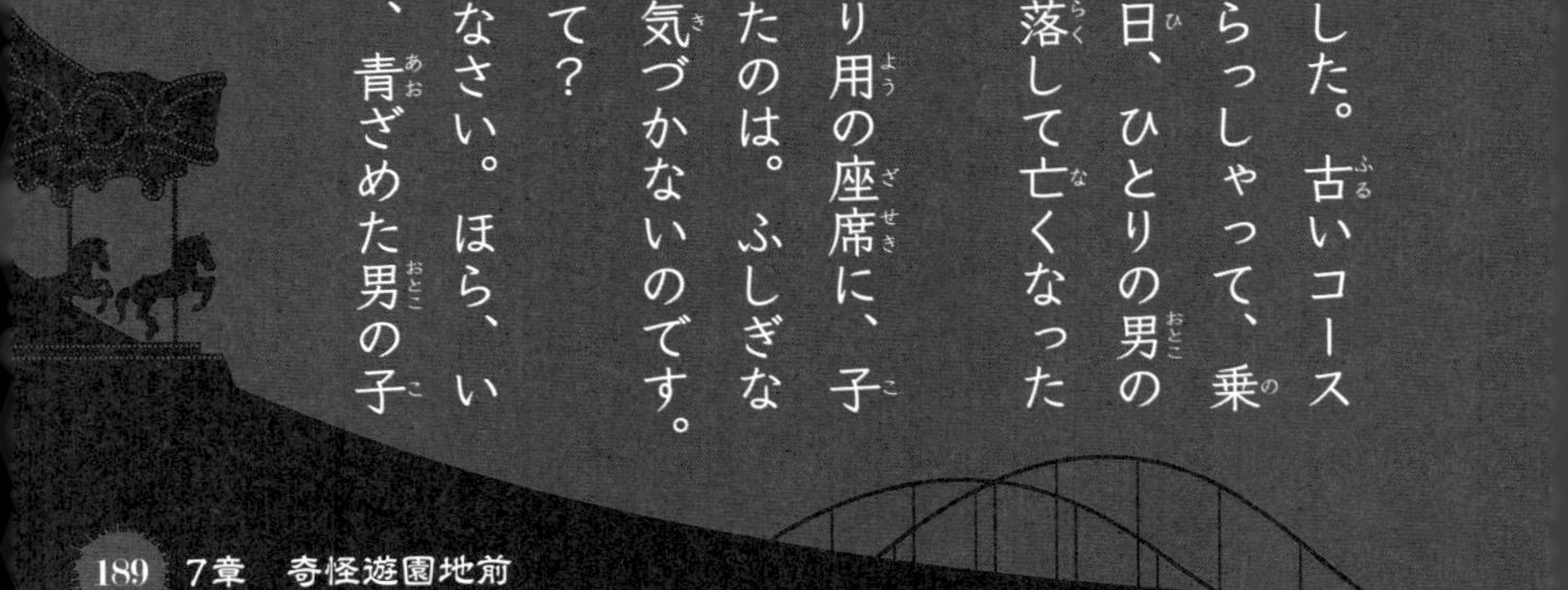

72

# 観《かん》覧《らん》車《しゃ》

とうま　くうが

遊園地《ゆうえんち》でこんな怖《こわ》い思《おも》いばかりしたのは、ぼくらくらいじゃないだろうか。もう本当《ほんとう》にさんざんだ。

「まあ、お客《きゃく》さま。最後《さいご》に観覧車《かんらんしゃ》にでも乗《の》って帰《かえ》ってください。これは、きっと楽《たの》しんでいただけるはずですから」

ピエロが言《い》い出《だ》した。たしかにそうだ。このまま帰《かえ》ったんじゃなにもいいことがない。高《たか》いとこから町《まち》を見下《みお》ろせば、少《すこ》しは気分《きぶん》もよくなるかも。

「乗《の》ろう乗《の》ろう！」

観覧車《かんらんしゃ》に乗《の》りこんで座席《ざせき》にこしかけると、ゆっくり動《うご》き出《だ》した。

少《すこ》しずつ上《あ》がっていく観覧車《かんらんしゃ》。空《そら》が近《ちか》くなるにつれて、天国《てんごく》にも近《ちか》くなっているんじゃないかという変《へん》な考《かんが》えが頭《あたま》にうかんだ。

——このたびは当観覧車《とうかんらんしゃ》にご乗車《じょうしゃ》いただき、まことにありがとうございます。この観覧車《かんらんしゃ》の楽《たの》しみ方《かた》をおつたえいたします。

車内《しゃない》に放送《ほうそう》が流《なが》れた。

——もっともお楽《たの》しみになれる時刻《じこく》は、二時二十二分《にじにじゅうにふん》です。この時刻《じこく》に頂上《ちょうじょう》にいたお客《きゃく》さまは死《し》ぬというジンクスがございます。運《うん》よくこの時刻《じこく》にご乗車《じょうしゃ》なさったお客《きゃく》さまは、どうぞご期待《きたい》くださいませ。

「二時二十二分《にじにじゅうにふん》に死《し》ぬ⁉」

時計《とけい》を見《み》ると二時《にじ》ちょうどだった。ゆっくり回《まわ》っていったとしても、二十二分《にじゅうにふん》にはとっくに一周終《いっしゅうお》わって、ぼくらは地上《ちじょう》にもどっていると思《おも》う。

「だいじょうぶじゃない？」

時間《じかん》を確認《かくにん》したくうがも、「そうだな」と安心《あんしん》したように言《い》った。足下《あしもと》に広《ひろ》がる町《まち》なみ。強《つよ》い日差《ひざ》し。今日《きょう》はとても天気《てんき》がいい。やっと遊《ゆう》園地《えんち》を楽《たの》しめるかな。

そのとき事件《じけん》は起《お》こった。

――ガタン！

大《おお》きな音《おと》がひびいたのと同時《どうじ》に観覧車《かんらんしゃ》が止《と》まった。位置《いち》はちょうどてっぺんだった。

「だいじょうぶだよ、すぐ動《うご》き出《だ》すさ」

ぼくらははげましあったけれど、動《うご》き出《だ》す気配《けはい》はなかった。カタンとも音《おと》がしない。故障《こしょう》が発生《はっせい》したなどの放送《ほうそう》も流《なが》れない。

今日《きょう》は日差《ひざ》しが強《つよ》くて暑《あつ》い。事故防止《じこぼうし》のためか、窓《まど》ガラスは開《あ》けることができない仕組《しく》みになっている。

車内《しゃない》の温度《おんど》がどんどん上昇《じょうしょう》して、頭《あたま》がぼーっとしてきた。そうだ、こんな日《ひ》は熱中症《ねっちゅうしょう》対策《たいさく》に水分《すいぶん》補給《ほきゅう》を忘《わす》れずにって、ママがよく言《い》ってたっけ。

事故《じこ》なのか、呪《のろ》いなのか、霊《れい》のしわざなのか……頭《あたま》がボーッとして、それ以上《いじょう》考《かんが》えられない。となりの席《せき》では、くうががぐったりとして白目《しろめ》をむいている。遠《とお》のく意識《いしき》のなか、車内《しゃない》に放送《ほうそう》が流《なが》れるのをぼんやりと聞《き》いた。

——二時《にじ》二十二分《にじゅうにふん》です。さようなら。

# 案《あん》内《ない》図《ず》

## 73 ウォータースライダー

血《ち》しぶきがかかるウォータースライダーが日本《にほん》に何台《なんだい》かある。見《み》えるしぶきは赤《あか》いのに、手《て》でぬぐって見《み》ると、ただの水《みず》。これは死亡事故《しぼうじこ》を起《お》こしたスライダーのしるし。

## 74 バイキング

バイキングの前《まえ》から四番目《よんばんめ》とうしろから四番目《よんばんめ》の席《せき》には注意《ちゅうい》しよう。異次元《いじげん》につながっていて、おりられなくなることがある。死《し》ぬまでおりられずにゆれ続《つづ》けるのだ。

# 奇《き》怪《かい》遊《ゆう》園《えん》地《ち》

## 75 迷子《まいご》案内所《あんないじょ》

遊園地《ゆうえんち》にはときどき、呪《のろ》われた迷子案内所《まいごあんないじょ》があらわれる。うっかりそこに入《はい》ると、もう家族《かぞく》には会《あ》えない。この世《よ》とあの世《よ》を永遠《えいえん》にさまよい続《つづ》ける迷子《まいご》となるのだ。

## 76 ピエロ

ある遊園地《ゆうえんち》のピエロは、元《もと》連続殺人犯《れんぞくさつじんはん》。いろんな変装《へんそう》をしてにげていたが、ピエロに落《お》ちついた。今《いま》は子《こ》ども客《きゃく》を拉致《らち》して殺《ころ》すのが楽《たの》しみになっている。

## 77
# うさぎの着《き》ぐるみ

運転手《うんてんしゅ》

おや、あのピエロ、こちらをじいっと見《み》ていますねえ。ピエロよりも、遊園地《ゆうえんち》といえば、着《き》ぐるみの動物《どうぶつ》たちのほうがお好《す》きですか。ウヒヒ。では、その正体《しょうたい》を考《かんが》えたことはおありでしょうか。どこかの遊園地《ゆうえんち》をさまよっているという、着《き》ぐるみのうさぎの話《はなし》をお聞《き》かせしましょう。ウヒヒ。

遊園地《ゆうえんち》に遊《あそ》びに行《い》った家族《かぞく》がいましてね。ご両親《りょうしん》と中学生《ちゅうがくせい》のお兄《にい》ちゃんと小学生《しょうがくせい》の妹《いもうと》です。

お兄《にい》ちゃんがトイレに行《い》ったときでした。スタッフ用《よう》のひかえ室《しつ》の中《なか》がチラッと見《み》えたんですねえ。そこにうさぎの着《き》ぐるみがあったんです。お

兄《にい》ちゃんはいたずら心《ごころ》をおさえられませんでした。その着《き》ぐるみを、身《み》につけてしまったんです。ウーヒッヒ！　やっちゃいましたあ。

そのまま、家族《かぞく》のもとへもどったんです。家族《かぞく》はお兄《にい》ちゃんだと気《き》づかずに、楽《たの》しそうに写真《しゃしん》をとりました。お兄《にい》ちゃんも、家族《かぞく》をだませたと大《おお》よろこび。で、そろそろ正体《しょうたい》を明《あ》かそうと、かぶり物《もの》をとろうとしました。

……が、ぬげないのです。ウヒヒ。ぬげないんですよ、ああ、怖《こわ》い。

（ぼくだよ！　ぬげないんだ！　助《たす》けて！）

お兄《にい》ちゃんはしゃべろうとしましたが、まったく声《こえ》が出《で》ません。かぶり物《もの》をとろうとしたり、ぬいぐるみをぬごうとしたりしましたが、それはおどっているように見《み》えて、家《か》族《ぞく》はそのすがたに笑《わら》うばかりです。

「お兄《にい》ちゃんもどってこないわねえ」

「迷子案内《まいごあんない》を出《だ》そう」

そう話《はな》す家族《かぞく》のうしろを、着《き》ぐるみのお兄《にい》ちゃんはついていきます。

「なんでついてくるの？」

「気味《きみ》のわるいうさぎだな。いつまでもつけまわすなら通報《つうほう》するぞ」

かわいそうに、お兄《にい》ちゃんは行方不明《ゆくえふめい》あつかいになりました。お兄《にい》ちゃんのその後《ご》？　そりゃ、家族《かぞく》は帰《かえ》ってしまって、遊園地《ゆうえんち》も閉園《へいえん》しますから、そのあとのことはわかりません。今《いま》もどこかの遊園地《ゆうえんち》をさまよっているっていううわさですけどねえ。ウヒヒ……。


またお客《きゃく》さまがご乗車《じょうしゃ》になりました。

では、つぎの停留所《ていりゅうじょ》にまいりましょう。

8章《しょう》
幽《ゆう》鬼《き》公《こう》園《えん》前《まえ》
よばれたね…
ね…
ひとえさん、じゅんじさん、おおりくださあい。ウヒ
ぼ、ぼくは…?
プシュー…

おおりになりましたでしょうか。ドアを閉《し》めまあす。なにしてあそびますかねえ。ウヒヒ
バタン
知《し》らないうちにバスに乗《の》ったと思《おも》ったらここどこ?
あっでも、人《ひと》がいるよ!

78

# 鬼《おに》ごっこ

とつぜんバスからおろされてびっくりしたけど、ふつうの公園《こうえん》だ。人《ひと》のすがたもちらほらある。だれかがつれてきたのか、犬《いぬ》も一《いっ》ぴきいる。

「ねえ、じゅんじくん、あの人《ひと》なにしてるのかな」

ひとえちゃんが、ぼくの服《ふく》を引《ひ》っぱった。ひとえちゃんが指《ゆび》さすほうを見《み》ると、女《おんな》の人《ひと》がいた。それが、変《へん》なんだ。走《はし》っているようなポーズのまま、まるでこおりついたように動《うご》かない。大道芸《だいどうげい》のようなものだろうか。そういえばこういうパフォーマンス、テレビで見《み》たことがあるかもしれない。ぼくらは顔《かお》を見合《みあ》わせてから、そっと女《おんな》の人《ひと》に近《ちか》づいてみた。

近《ちか》づいてよく見《み》てみると、やっぱり人間《にんげん》だ。人形《にんぎょう》とかじゃない。おそるおそる、さわってみた。……うわ、ゾッとするほど冷《つめ》たい。と思《おも》ったら、つぎのしゅんかん、女《おんな》の人《ひと》はほっと息《いき》をはいて動《うご》き出《だ》した。

「ああ、助《たす》かった。ありがとう、ありがとう」

助《たす》かった？　どういうこと？

「氷鬼《こおりおに》にさわられたの。あなたたちがさわって助《たす》けてくれなかったら、こおりついて、死《し》んでしまうところだった」

「……氷鬼《こおりおに》？　それって、鬼《おに》ごっこの、氷鬼《こおりおに》？」

「ごっこじゃなくて本物《ほんもの》よ。この公園《こうえん》にはいろんな鬼《おに》が住《す》んでいて、一度《いちど》公園《こうえん》に入《はい》ると二度《にど》と出《で》られず、鬼《おに》においまわされるの。死《し》ぬまでね」

よく見《み》ると、公園《こうえん》にはほかにも、こおりついたように動《うご》かない人《ひと》が何人《なんにん》

もいた。それに、自分《じぶん》のうでをカッターで切《き》りつけて、あふれる血《ち》にまみれながらしゃがみこんでふるえている男《おとこ》の人《ひと》も……。

「あの人《ひと》は、色鬼《いろおに》に『赤《あか》』って言《い》われたのよ。すぐ近《ちか》くに赤《あか》いものがなくて、だからああやって血《ち》をさわり続《つづ》けているのね。赤《あか》いものから手《て》をはなしたとたん、鬼《おに》に食《た》べられてしまうから」

「公園《こうえん》から出《で》る方法《ほうほう》はないの？」

「それがわかれば、とっくににげてるわ。あなたたちも、気《き》をつけてね」

女《おんな》の人《ひと》はそう言《い》うと、ぼくたちを置《お》きざりにしてどこかへ行《い》ってしまった。子《こ》どもがいっしょだと、にげるのに足手《あしで》まといだと思《おも》ったのだろう。

鬼《おに》はいつあらわれるんだろうか。ぼくたちはその場《ば》にいるのも落《お》ちつかず、植《う》えこみにかくれていることにした。植《う》えこみのうしろにまわると、そこには石碑《せきひ》のようなものがいくつもあり、文章《ぶんしょう》がきざまれていた。

79

# ブランコ

この公園《こうえん》のブランコは、こぐと、ギーギー鳴《な》って、重《おも》くてなかなかこげません。力《ちから》がいるので、ブランコに乗《の》るのは小学生《しょうがくせい》ばかり。

今日《きょう》は、少年野球《しょうねんやきゅう》の練習帰《れんしゅうがえ》りに、バッテリーを組《く》んでいるピッチャーの亮太《りょうた》とキャッチャーの健《けん》が、ブランコにやってきました。

「健《けん》、ふたりで、どっちが大《おお》きくこげるか競争《きょうそう》しようぜ！」

「よおし、力《ちから》なら亮太《りょうた》には負《ま》けないぞ」

ふたりは足《あし》を上《あ》げたり下《さ》げたり、腹筋《ふっきん》をつかい、重《おも》いブランコをゆらしはじめました。しばらくこぐと、健《けん》のブランコのほうが高《たか》く上《あ》がりました。負《ま》けずぎらいの亮太《りょうた》は、おもしろくありません。出《だ》せるかぎりの力《ちから》を出《だ》して、大《おお》きくこぎました。今《いま》までふたつのブランコが、こんなに大《おお》きくゆれたことはありません。

ところが、健《けん》は、こげばこぐほど、体《からだ》が重《おも》く、だるくなってきました。かたやうで、足《あし》におもりがつけられたようにだるいのです。首《くび》も、しめつけられたように、痛《いた》くなってきました。

横《よこ》の亮太《りょうた》を見《み》ると、なんと亮太《りょうた》の乗《の》るブランコに、大《おお》ぜいの幽霊《ゆうれい》が、ぶら下《さ》がるように、いっしょに乗《の》っています。亮《りょう》太《た》のうしろから首《くび》にだきついたり、足《あし》にぶら下《さ》がったり、うでにつかまっている幽霊《ゆうれい》もいます。亮太《りょうた》は気《き》づかず、けんめいにブランコをこいでいるのです。

健《けん》は、ぞぞっとしました。そして自分《じぶん》のまわりも、よくよく見《み》ると、目《め》の前《まえ》にも、横《よこ》にもうしろにも、幽霊《ゆうれい》がからみつくように、いっしょにいるではありませんか。

「うわあああああ」

健《けん》は、うでをぶんぶんふり回《まわ》し、幽霊《ゆうれい》をはね飛《と》ばしました。ドスン！と背中《せなか》から地面《じめん》に落《お》ちると、叫《さけ》びました。

「亮太《りょうた》ー！　おりろ、ブランコからはなれろーー！」

それを見《み》た亮太《りょうた》が言《い》いました。

「健《けん》ー、自分《じぶん》が落《お》ちたからって、おれまで落《お》ちると思《おも》うなよ」

「ち、ちがうよ！　幽霊《ゆうれい》がいっぱいおまえのまわりに……」

そのときです。さっきまで健《けん》にとりついていた幽霊《ゆうれい》までもが、亮太《りょうた》に飛《と》びつきました。すべての幽霊《ゆうれい》にとりつかれ、はがいじめにされたまま、亮太《りょうた》の体《からだ》はブランコからふわりと持《も》ち上《あ》がり、そのまま空中《くうちゅう》にすーっと消《き》えてなくなってしまったのです。なんのあとかたもなく。

「亮太《りょうた》！　おい、どこに行《い》ったんだよおー」

あの日《ひ》から、亮太《りょうた》はもどってきません。ブランコは、幽霊《ゆうれい》がいなくなったからなのか、うそのように軽《かる》くこげるようになりました。

それに、ふしぎなことが起《お》こるようになりました。ブランコにむかってボールを投《な》げると、スーッとボールが消《き》え、なくなってしまうことがあるのです。そうかと思《おも》うと、きゅうに、ブランコのあたりから剛速球《ごうそっきゅう》のボールが飛《と》んでくるときもあります。健《けん》は、亮太《りょうた》がどこか異界《いかい》にいて、こちらに投《な》げ返《かえ》してきているんだと信《しん》じています。

亮太《りょうた》の投《な》げる球《たま》をまた受《う》けたくて、今日《きょう》も健《けん》は、ミットを持《も》って公園《こうえん》にいます。

80

# 鉄棒《てつぼう》ぐるぐる……

舞子《まいこ》のお父《とう》さんは、学生《がくせい》のころ体操部《たいそうぶ》でした。だから、舞子《まいこ》がさか上《あ》がりができないことを知《し》ると、夕食《ゆうしょく》のあと夜《よる》の公園《こうえん》につれていきました。

「いいか、舞子《まいこ》。もっと鉄棒《てつぼう》に体《からだ》をくっつけて。だめだめ、そんなにぎり方《かた》じゃ。しっかり体《からだ》を引《ひ》きつけなさい！」

いつもはやさしいお父《とう》さんが、べつ人《じん》のようです。

「もういいよ。できないものはできないの！」

「努力《どりょく》もせずに！　さか上《あ》がりなんて練習《れんしゅう》あるのみだ」

「はいはい、じゃあ、お父《とう》さんがまず見本《みほん》見《み》せてよ」

舞子《まいこ》が言《い》うと、お父《とう》さんは鉄棒《てつぼう》をつかみました。本《ほん》

当《とう》は自分《じぶん》のかっこいいところを見《み》せたいだけじゃないの、と思《おも》っていると、お父《とう》さんは回《まわ》りだしました。さか上《あ》がりに続《つづ》き、空中《くうちゅう》さか上《あ》がり。

「お父《とう》さん、すごーい」

早《はや》く帰《かえ》りたかったので、お父《とう》さんをおだてて満足《まんぞく》させる作戦《さくせん》でいこう、と思《おも》いました。ぐるぐるぐるぐる……。それにしても、回《まわ》りすぎだ。

「お父《とう》さん、もう帰《かえ》ろうよ」

いくら呼《よ》びかけても無言《むごん》で回《まわ》り続《つづ》け、十分《じっぷん》、二十分《にじっぷん》。ようすが変《へん》だ。舞子《まいこ》は家《いえ》にもどり、お母《かあ》さんを呼《よ》んできました。お父《とう》さんをふたりで鉄《てつ》棒《ぼう》から引《ひ》きはなすと、手《て》やおなかを血《ち》だらけにして気《き》を失《うしな》っています。

ふと鉄棒《てつぼう》を見《み》ると、さっきまで暗《くら》くて気《き》づかなかったけれど、鉄棒《てつぼう》には前《まえ》につかった人《ひと》のものらしき血《ち》にまみれた手《て》の皮《かわ》が、いくつもいくつもくっついて、ひらひらと風《かぜ》にゆれていました。

81

# 早朝《そうちょう》ランナー

早朝《そうちょう》ランニングでにぎわう公園《こうえん》で、そのランナーだけはどこか変《へん》でした。うしろを走《はし》りながら、新太《あらた》は、どこがおかしいのか考《かんが》えました。服《ふく》そうは、ふつう。シューズも、ふつう。ランニングフォームも、ふつう。

（あ、わかった、あせをかいてないいんだ）

早朝《そうちょう》といえども、夏《なつ》。みんな髪《かみ》までびっしょりぬらして走《はし》っているのに、そのランナーはさらっと涼《すず》しげです。足音《あしおと》も立《た》てず、息《いき》も上《あ》がらず、すいすいと前《まえ》を走《はし》っています。プロのマラソン選手《せんしゅ》なのかもしれません。

（よおし、つぎの折《お》り返《かえ》し地点《ちてん》で、どんな人《ひと》なのか見《み》てみよう）

このコースは川《かわ》ぞいを走《はし》る長距離《ちょうきょり》コースで、とちゅうの橋《はし》が折《お》り返《かえ》し地点《ちてん》になっていました。新太《あらた》は、折《お》り返《かえ》し地点《ちてん》のすこし前《まえ》で立《た》ち止《ど》まり、くるりとこちらをむいて走《はし》ってくるはずの、ランナーを待《ま》ちました。

ところが、ランナーは橋《はし》にさしかかると、そのまま川《かわ》ぞいの道《みち》をまっすぐ走《はし》りさってしまったのです。新太《あらた》はがっかりしました。

つぎの朝《あさ》も、新太《あらた》は公園《こうえん》に走《はし》りにいきました。よかった、います。昨日《きのう》のランナーです。でも、やはり前《まえ》を走《はし》っていて、顔《かお》が見《み》えません。

(よおし、今日《きょう》は、おいこして顔《かお》を見《み》てやるぞ)

新太《あらた》は、スピードを上《あ》げてランナーに近《ちか》づき、おいこしざまにふり返《かえ》って、顔《かお》を見《み》ました。そして、後悔《こうかい》しました。顔《かお》を見《み》ようとなんて、するべきじゃなかったのです。

「おまえ、おれが見《み》えるのか」

ランナーは白目《しろめ》のないまっ黒《くろ》な目《め》で新太《あらた》を見《み》て、にたりと笑《わら》いました。

82

# ベンチじいさん

バスケットゴールのある公園《こうえん》って、なかなかないものです。やっと見《み》つけたとなり町《まち》の公園《こうえん》に、ユウタは自転車《じてんしゃ》で毎日《まいにち》かようことにしました。朝《あさ》、練習《れんしゅう》をして、それから学校《がっこう》へ行《い》きます。夕方《ゆうがた》も、塾《じゅく》に行《い》く前《まえ》にちょっとよって練習《れんしゅう》をします。

毎日《まいにち》かようちに、ユウタはひとりのおじいさんが気《き》になりだしました。だって、いつ行《い》ってもベンチにすわっているんです。それもいつも同《おな》じ場所《ばしょ》。公園《こうえん》の北《きた》の、青《あお》いベンチの右《みぎ》はし。朝《あさ》もいるし夕方《ゆうがた》もいます。

あるとき、ゴールにはじかれたボールが転《ころ》がって、おじいさんの目《め》の前《まえ》で止《と》まりました。拾《ひろ》ってくれるかな、とちょっと待《ま》ってみたけれど、おじいさんはチラリとボールを見《み》ただけで、拾《ひろ》ってくれません。なんとなく腹《はら》が立《た》つような気《き》持《も》ちで、ユウタはボールをとりにいきました。

「こんにちは」

ボールを拾《ひろ》いながらユウタは、あてつけのようにあいさつをしました。おじいさんにあいさつをしたのは、これがはじめてでした。すると、

「こんにちは」

思《おも》いがけず、返事《へんじ》が返《かえ》ってきたのです。顔《かお》を上《あ》げると、おじいさんはやさしい目《め》で、にっこりとユウタに笑《わら》いかけました。

「ボール、わるかったね、拾《ひろ》えなくて。ベンチから、こしを上《あ》げることができないんだ」

そうか、体《からだ》がわるいんだ。ユウタは、さっき腹《はら》が立《た》ったことがはずかしくなりました。

それからユウタとおじいさんは、会《あ》うたびに言葉《ことば》を交《か》わすようになりました。たいていはあいさつと、一言二言《ひとことふたこと》ですが、なんだか年《とし》のはなれた友《とも》だちができたようで、ユウタにはくすぐったくもうれしいのでした。

ある日《ひ》ユウタは、思《おも》い切《き》って、おじいさんに聞《き》いてみました。

「ねえ、なんでいつも、公園《こうえん》にいるんですか？」

「うーん、本当《ほんとう》は、家《いえ》に帰《かえ》りたいんだよ。もうそろそろいいんじゃないかって思《おも》うんだけど、なかなかきっかけがなくて」

奥《おく》さんと、けんかでもしたのかな？

「帰《かえ》りたいと思《おも》うなら、帰《かえ》ればいいんですよ。きっかけは自分《じぶん》でつくるものだって、うちのお父《とう》さんも言《い》ってました」

「……ユウタくん、協力《きょうりょく》してくれる？」

「もちろん、ぼくにできることなら、なんでも」

するとおじいさんはものすごくうれしそうに笑《わら》って、

「じゃあ、ここにすわって」

言《い》うなり立《た》ち上《あ》がり、ユウタの手《て》を引《ひ》っぱって、ベンチにすわらせました。今《いま》までおじいさんがすわっていたところ。公園《こうえん》の北《きた》の、青《あお》いベンチの右《みぎ》はし。立《た》ち上《あ》がったおじいさんの顔《かお》からは、みるみるシワがとれ、髪《かみ》も黒《くろ》くなり、ユウタと同《おな》じくらいの年《とし》の男《おとこ》の子《こ》になりました。

「ありがとうユウタくん。やっと家《いえ》に帰《かえ》れるよ」

その日《ひ》からユウタは、公園《こうえん》のベンチにいます。立《た》ち上《あ》がろうとしても、立《た》ち上《あ》がれません。ベンチにどんどん栄養《えいよう》をすいとられ、髪《かみ》はまっ白《しろ》、顔《かお》はしわしわ。まるで、おじいさんのようなすがたです。

## 83
# すべり台《だい》

けたたましい犬《いぬ》の鳴《な》き声《ごえ》がして、わたしたちは石碑《せきひ》の文章《ぶんしょう》から目《め》をはなした。見《み》ると、公園《こうえん》にいる人《ひと》たちがいっせいに走《はし》っている。

――高鬼《たかおに》だ！

――高鬼《たかおに》が来《く》るぞ！

「高鬼《たかおに》だって！　じゅんじくん、わたしたちもにげよう」

「高鬼《たかおに》って、高《たか》いところににげればいいんだっけ？」

「そのはず！　あ！　すべり台《だい》があいてる！」

わたしはとっさにじゅんじくんの手《て》をつかんで、すべり台《だい》の階段《かいだん》をかけのぼった。てっぺんで、ふっと息《いき》をはいてしゃがみこむ。高《たか》いところではタッチされないのが、高鬼《たかおに》のルールだよね。これでだいじょうぶ、たぶん。怖《こわ》くて下《した》を見《み》られないけれど、ズズ、ズズ、と地面《じめん》をはう音《おと》がする。高《たか》鬼《おに》がえものをさがしてるのかな。ああ、どうか、早《はや》くどこかへ行《い》って！

わたしは、ぎゅっと目《め》をつぶり、時間《じかん》がすぎさるのを待《ま》った。ところが。

「ねえ、じゅんじくん。今《いま》、だれかがこのすべり台《だい》をのぼってきてる……。そんな気配《けはい》がするんだけど」

怖《こわ》くてふりむくことができない。階段《かいだん》がわでこちらをむいて立《た》っているじゅんじくんに、わたしはすべり台《だい》に背《せ》をむけたまま、小声《こごえ》で言《い》った。

じゅんじくんの目《め》はなにかを見《み》ている。視線《しせん》の動《うご》きで、すべり台《だい》をのぼってきている「なにか」がいることがハッキリとわかった。ねえ、なにが見《み》えるの。そう聞《き》こうと思《おも》うけれど、答《こた》えが怖《こわ》くて聞《き》けない。

「あ、あのね……」

じゅんじくんは声《こえ》をふるわせて話《はな》し出《だ》した。

「鬼《おに》が、すべり台《だい》をゆっくりよじのぼってくる。うでだけでゆっくりと。なんでうでだけなのかと思《おも》ったら、足《あし》がないんだ。こしから下《した》が、ない。血《ち》まみれの下半身《かはんしん》をひきずって、すべり台《だい》をはい上《あ》がってくるんだ。これが、高鬼《たかおに》？　でも、どうして……と、とにかく、にげなきゃ！」

じゅんじくんはいそいでにげようとあとずさったとたん、バランスをくずした。うしろの階段《かいだん》をいきおいよく転《ころ》がって、地面《じめん》に落《お》ち、白目《しろめ》をむいてあおむけにたおれた。すこしぴくぴくとけいれんしていたけれど、すぐに動《うご》かなくなる。打《う》ちどころがわるかったんだろうか、生《い》きているようには見《み》えない。

どうして高鬼《たかおに》がおそってくるの？　高《たか》いところににげたというのに。

「あ……そういえば……」

思《おも》い出《だ》した。高鬼《たかおに》には、時間制限《じかんせいげん》があるんだった。ずっと同《おな》じ場所《ばしょ》にいてはだめ。時間制限《じかんせいげん》をこえると、鬼《おに》に殺《ころ》される。

階段《かいだん》をおりなきゃ。でも、足《あし》におもりがついたみたいに、動《うご》けない。

――ズズ、ズズ、ズズズ。

うしろから、せまってきている。わたしはもう、どこにもにげ場《ば》がない。

# 案《あん》内《ない》図《ず》

## 84 夜《よる》のシーソー

夜《よる》、ひとりで公園《こうえん》に行《い》き、シーソーにすわって目《め》を閉《と》じ「ぎっこんぎっこん」ととなえてみよう。「ばったん」という返事《へんじ》があり、シーソーが動《うご》くから。

## 85 動《うご》く銅像《どうぞう》

公園《こうえん》にある銅像《どうぞう》には、動《うご》き出《だ》すものがある。とくに、昭《しょう》和《わ》四十年《よんじゅうねん》ごろにつくられたものは、よく目《め》が開《ひら》いたり歩《ある》いたりする。さがしてみて。きっと君《きみ》の近《ちか》くにも、その時代《じだい》の銅像《どうぞう》があるはずだ。

# 幽鬼公園《ゆうきこうえん》

## 86 赤《あか》い噴水《ふんすい》

二月二十八日《にがつにじゅうはちにち》にだらだらと血《ち》を流《なが》す噴水《ふんすい》がある。公園《こうえん》で通《とお》り魔殺人事件《まさつじんじけん》があり、たくさんの人《ひと》が死《し》んだとき、その血《ち》が大量《たいりょう》に噴水《ふんすい》に流《なが》れこんだ。その日《ひ》は二月二十八日《にがつにじゅうはちにち》だった。

## 87 鉄棒《てつぼう》の原料《げんりょう》

戦争《せんそう》につかわれた武器《ぶき》が回収《かいしゅう》され、とかした鉄《てつ》でつくった鉄棒《てつぼう》が日本《にほん》にはある。これにふれると、その夜夢《よるゆめ》のなかで殺《ころ》されるか、だれかを殺《ころ》す。

# 88 花《か》だんの花《はな》

運転手《うんてんしゅ》

公園《こうえん》にはたいてい、きれいな花《か》だんがありますよね。え？　遊具《ゆうぐ》で遊《あそ》んでばっかりで、花《か》だんなんてとくに気《き》にしたことがない？　では、とっておきのお話《はなし》をお聞《き》かせするといたしましょう。ウヒヒヒヒ。

ある庭師《にわし》から聞《き》いた話《はなし》です。市《し》から、花《か》だんの手入《てい》れをまかされた彼《かれ》は、さっそく公園《こうえん》に見《み》に行《い》ってみて、感心《かんしん》したんだそうです。

「この美《うつく》しい赤色《あかいろ》はどうだ。どうやったら、こんなに美《うつく》しい花《はな》をさかせられるのか？　おれは前《まえ》の庭師《にわし》をこえることができるのか？」

彼《かれ》は不安《ふあん》になりながらも新《あたら》しい苗《なえ》をうえるべく、花《か》だんにスコップを差《さ》

しこみました。すると「カツッ！」というみょうな音《おと》と感触《かんしょく》があったのです。ほり進《すす》めた彼《かれ》は、気《き》を失《うしな》いそうなほどおどろきました。みょうな音《おと》を立《た》てたのは白骨《はっこつ》。花《か》だんの下《した》からは、びっしりと白骨《はっこつ》が出《で》てきたんです。ちなみに、人間《にんげん》の骨《ほね》じゃなかったそうですよ。犬《いぬ》かねこ——小動物《しょうどうぶつ》の骨《ほね》が、ざくざく、何《なん》びき分《ぶん》も。まだうめられて日《ひ》があさいのか、肉片《にくへん》が残《のこ》っているものもあったそうです。ウヒヒ。

そこで彼《かれ》は思《おも》い出《だ》しました。そういえば最近《さいきん》、家《いえ》のペットがいなくなったっていう張《は》り紙《がみ》をあちこちで見《み》るなあと。

「だれかが殺《ころ》して死体《したい》をかくしたのか、前《まえ》の庭師《にわし》が犯人《はんにん》か？　とにかくこの美《うつく》

しい花《はな》のひみつが、死体《したい》にあることだけはまちがいなさそうだな」

彼《かれ》も庭師《にわし》としてのプライドがありますからね、前《まえ》の庭師《にわし》に負《ま》けるわけにはいきません。そんな彼《かれ》がとった手段《しゅだん》は……もう、わかりますね。そうです、彼《かれ》もまた、死体《したい》をうめて肥料《ひりょう》にしたんです。ただ、犬《いぬ》やねこの死体《したい》はつかいませんでした。だってそれでは、前《まえ》の庭師《にわし》をこえられませんもんね。

では、なんの死体《したい》を……？　ヒヒ、その市《し》では今《いま》も、子《こ》どもの行方不明《ゆくえふめい》事件《じけん》があいついでいます。そうして公園《こうえん》の花《か》だんでは、これ以上《いじょう》ないというほど美《うつく》しい花《はな》が、さきほこっているそうですよ。ウヒヒヒ。

さて。またお客《きゃく》さまがご乗車《じょうしゃ》になられました。

つぎの停留所《ていりゅうじょ》にむかうといたしましょう。

9章《しょう》
終点《しゅうてん》 君《きみ》の家《いえ》
兄《にい》ちゃんも来《き》て、よかったあ
どうしてひろみがひとりでバスに？うちが終点《しゅうてん》って…？
ひろみさん、ひとしさん。お待《ま》たせしました、終点《しゅうてん》です。おおりくださあい。ウヒヒ
プシュー…

ふたりとも、おりましたね。おつかれさまでしたあ。ウヒヒヒ…
バタン
あのバスなに？なんで乗《の》ってたんだろう？
たしかにぼくたちの家《いえ》だ…

89

# はじめまして

「やった、ひろみ。運転手《うんてんしゅ》さん、おうちにおろしてくれたよ」

不安《ふあん》そうにしていた弟《おとうと》を安心《あんしん》させたくて、そんなふうに言《い》ったけれど、じつはまだ、なんとなく怖《こわ》かった。見《み》なれたブロックべい、見《み》なれたげんかん。だけどいつもとどこかちがうような気《き》もする。

「ただいま」

げんかんのカギは開《あ》いていたけれど、だれもいないみたいだ。ぼくらは廊下《ろうか》を進《すす》んでリビングにむかった。ひろみは「たーだいま、ただいま♪」とむじゃきに歌《うた》いながらスキップしている。

「たーだい……あれっ？」

廊下《ろうか》に面《めん》して、見知《みし》らぬ部屋《へや》があった。こんなところにドアなんて、なかったはずだ。でも、ドアはうすよごれていて、何年《なんねん》も前《まえ》からずっとそこにあったみたい。ドアには名前《なまえ》の入《はい》ったプレートがかけられている。

【しょう　の　へや】

かわいいデザインのプレートだから、子《こ》どもの部屋《へや》だろう。ドアに耳《みみ》を当《あ》てて中《なか》のようすをうかがった。ひろみも、ぼくのまねをした。

――ひとし兄《にい》ちゃん……

ひろみに呼《よ》ばれたんだと思《おも》って顔《かお》を見《み》たけれど、ちがった。ひろみは恐《きょう》怖《ふ》にこおりついたような顔《かお》をして、耳《みみ》をそば立《だ》てたままだった。

――やっと来《き》てくれた……。ずっと待《ま》ってたんだ。ああ、弟《おとうと》のひろみもいる。うれしいな。ぼくが死《し》んで何年《なんねん》かしてから生《う》まれたんだっけ……

お母《かあ》さんから聞《き》いたことがある。

ぼくとひろみには、もうひとり兄弟《きょうだい》がいたんだ。ぼくの二才下《にさいした》の弟《おとうと》になるはずが、生《う》まれる前《まえ》におなかの中《なか》で死《し》んでしまった。その子《こ》が、しょう？　この中《なか》に、その子《こ》がいるの？

——兄《にい》ちゃん、ひろみ、なにして遊《あそ》ぼう？　早《はや》く、早《はや》く部屋《へや》に入《はい》ってきてよ。ずっと待《ま》ってたんだよ。早《はや》く入《はい》ってきて……

ドアはぜったいに開《あ》けてはいけない。開《あ》けたらとり返《かえ》しがつかなくなる。理由《りゆう》もなく、そう直感《ちょっかん》した。

リビングの入口《いりぐち》においてある電話《でんわ》の、赤《あか》いランプの点《てん》めつが目《め》のはしに入《はい》った。留守番電話《るすばんでんわ》が何件《なんけん》も入《はい》っている。ぼくは、再生《さいせい》ボタンをおした。

90

# トイレ

午前《ごぜん》九時《くじ》四十九分《よんじゅうきゅうふん》、一件《いっけん》です。ピー。

ひとしくん、ひろみくん、いないの？　お留守《るす》ですか？　おばあちゃんですよ。ちょっと気《き》になることがあって電話《でんわ》しました。

　このあいだ、おばあちゃんが遊《あそ》びにいったとき、ひろみくんがトイレの中《なか》に冷《つめ》たい風《かぜ》がふいていると言《い》っていましたね。あのときは、窓《まど》はないし、換気扇《かんきせん》の風《かぜ》かしら？　と思《おも》いましたが、おばあちゃんのお友《とも》だちの家《いえ》でこんなことがあったんです。

　その日《ひ》、三才《さんさい》の孫《まご》のたっくんが遊《あそ》びにきていて、トイレが長《なが》かったので、おなかでも痛《いた》いのかとドアごしに聞《き》くと、たっくんは、

「おなか痛《いた》くないよ。トイレに風《かぜ》がふいてるよ」
って答《こた》えたんだって。で、ママがまた声《こえ》をかけたの。
「たっくん、トイレでなにしてるの？　終《お》わったら出《で》てきなさい」
「あのねママ、なんかいるんだよ。……うっ、うぐぐ」
「どうしたの、たっくん、カギを開《あ》けて！　たっくん、たっくん！」
するとドアのすきまから、冷《つめ》たい風《かぜ》がふき出《だ》してきたので、あわてて
ドライバーをとってきて、こじ開《あ》けたら、たっくんは消《き》えていたの。
トイレに窓《まど》はなく、換《かん》気《き》扇《せん》は人《ひと》なんか通《とお》れない。どうにかしてさがそ
うと、ママ、パパ、おばあちゃんでトイレのかべをたたくと、北《きた》がわの
かべだけ音《おと》がちがっていて、さわるととても冷《つめ》たく、じめっとしていた。
ドライバーで強《つよ》くたたくと、かべがくずれて、小《ちい》さな穴《あな》が開《あ》いたので、
のぞくと、目《め》玉《だま》がこっちを見《み》ていたの。

「たっくん！　かべの中《なか》にいるのね！」

みんなは、必死《ひっし》で北《きた》がわのかべをくずしたわ。指《ゆび》のつめがはがれ、血《ち》だらけになってもくずし続《つづ》けると、最後《さいご》は、ぼろぼろとかべが落《お》ち、そして、かべの中《なか》にいたのは、ギラギラした目《め》をして、口《くち》を手《て》でかくしている、女《おんな》の化《ば》け物《もの》だった。

「た、たっくんをどこへやった！」

パパがつかみかかろうとすると、女《おんな》のおでこから、つーっと血《ち》が流《なが》れ落《お》ちた。女《おんな》が、口《くち》のあたりから手《て》をおろすと、なんと口《くち》がなかったのよ。

「うわああああああ」

みんなが、いっしゅんひるむと、女《おんな》の頭《あたま》のほうから、不気味《ぶきみ》な笑《わら》い声《ごえ》が聞《き》こえてきた。

「き、きききききき」

長《なが》い黒髪《くろかみ》がふたつにわかれ、頭《あたま》の上《うえ》に大《おお》きな口《くち》が見《み》えた。するどい歯《は》やくちびるには、血《ち》がべったりとくっついていたそうよ。

もうだれも、声《こえ》も出《だ》せずにいると、女《おんな》はすーっと、みんなの横《よこ》をすりぬけ、冷《つめ》たい風《かぜ》といっしょにどこかへ消《き》えていった。

だからひろみくん、トイレに、本当《ほんとう》に冷《つめ》たい風《かぜ》がふくの？　おばあちゃん心配《しんぱい》なの。かべをたたいて、おかしな音《おと》がしない？　もしその化《ば》け物《もの》が、あなたたちの家《いえ》のトイレにいたら……（ピーーーーーー）

91

# となりの桜《さくら》井《い》さん

午後《ごご》二時《にじ》四分《よんぷん》、一件《いっけん》です。ピー。

もしもし、幸太《こうた》おじさんです。さっき、おかしなことがあったので電《でん》話《わ》しました。

おとなりさん、たしか桜《さくら》井《い》さんっていう人《ひと》だったよね？ やさしそうなおじさんで、おれもあいさつもしたことがあったから、おぼえてたんだけど、その桜《さくら》井《い》さんを公園《こうえん》で見《み》たんだ。

人《ひと》が集《あつ》まっていて、その輪《わ》の中《なか》に警察官《けいさつかん》に質問《しつもん》されている男《おとこ》がいた。近《ちか》づいてみたら、桜《さくら》井《い》さんだった。あたり一面《いちめん》にハトの羽《はね》が散《ち》らばっていて、むざんにも、数羽《すうわ》のハトが血《ち》を流《なが》してた。見《み》ると、桜《さくら》井《い》さんの手《て》に、もう一羽《いちわ》ハトがつかまれていて、おびえていたよ。

（えっ、あのやさしい桜井《さくらい》さんが？　うそだろう？）

と思《おも》っておれは、まじまじと顔《かお》を見《み》た。顔《かお》は桜井《さくらい》さんだけど、でもなんかちがうんだ。目《め》がおどろくほど冷《つめ》たくて、そして、なんと言《い》っても怖《こわ》いのが、人差《ひとさ》し指《ゆび》のつめだ。すごく長《なが》くのばしていて、なにかで研《と》いでいるのか、するどくとがっていたよ。まるでナイフのように。

そして、みんなの目《め》の前《まえ》で、つかんでるハトにつめをブスリッ！　まわりから悲鳴《ひめい》が上《あ》がり、大《おお》さわぎだ。そのあいだに桜井《さくらい》さんは、ものすごい速《はや》さで走《はし》りさったよ。人《ひと》とは思《おも》えない速《はや》さだった。

だから、ひとし。念《ねん》のため、帰《かえ》ったら家《いえ》から出《で》るなよ。戸《と》じまりをしっかりして。ぜったいに開《あ》けちゃいけない。あれは、いつもの桜井《さくらい》さんじゃない。（ピーーーーーー）

92

# 階段《かいだん》の女《おんな》

午後四時四十九分《ごごよじよんじゅうきゅうふん》、一件《いっけん》です。ピー。

ひとし、おーい、けんとだよ。留守《るす》かー？　このあいだ、おまえんちで、みんなでとったスマホの動画《どうが》なんだけど、なんか、まじやばいぞ。

雄助《ゆうすけ》のスマホで、みんながゲームしてるところとか、青木《あおき》と向井《むかい》が漫才《まんざい》してるとことかとっただろう？　今日《きょう》、みんなで再生《さいせい》して見《み》て、大笑《おおわら》いしてたんだ。

何度《なんど》も何度《なんど》もくり返《かえ》し見《み》て、だんだんみんながあきて笑《わら》わなくなってきたころ、変《へん》な声《こえ》が動画《どうが》から聞《き》こえてることに気《き》づいた。

おまえが二階《にかい》の自分《じぶん》の部屋《へや》になにかとりにいくたび、階段《かいだん》がキーキー鳴《な》ってて、はじめは階段《かいだん》がきしんで出《で》る音《おと》だと思《おも》ってたけど、ちがってたんだ。音声《おんせい》をマックスにしたら聞《き》こえたんだよ。

ちょっと待《ま》って、今《いま》、受話器《じゅわき》にスマホ近《ちか》づけるから……。

「……のーー、ろーー、うーー！　きーーーーーいーーーーー……」

聞《き》こえたか？　これ、やばいだろ？　それで階段《かいだん》の再生画像《さいせいがぞう》を、スクショでとって、引《ひ》きのばして見《み》てみたんだ。そうしたら、写《うつ》ってた。ぼんやりだけど、ひとし、おまえんちの階段《かいだん》に、びしょぬれの黒髪《くろかみ》の女《おんな》が立《た》ってる。階段《かいだん》を通《とお》るたび、おまえを、じーっとにらみつけてるんだ。

なんの霊《れい》だか知《し》らないけど、おれたち怖《こわ》くなって、近所《きんじょ》の吉川《よしかわ》のおじいちゃんのところへ、動画《どうが》と写真《しゃしん》を見《み》せにいったんだ。

ほら、今年《ことし》、町内《ちょうない》で百才《ひゃくさい》のお祝《いわ》いしたおじいちゃんだよ。

そうしたら写真《しゃしん》を見《み》て、おどろいて教《おし》えてくれたよ。

おじいちゃんが子《こ》どものころ、この黒髪《くろかみ》の女《おんな》、見《み》たことがあるんだって。ちょうど今《いま》のおまえんちのあたりで。

そのころ、そこにはわかい男《おとこ》の人《ひと》がくらしていて、明《あか》るく元気《げんき》な人《ひと》だったのに、ある日自殺《ひじさつ》してしまったそうだ。

原因《げんいん》はだれにもわからない。でも亡《な》くなるちょっと前《まえ》から、その男《おとこ》の人《ひと》の家《いえ》のあたりで「……のーー、ろーー、うーー…」という不気味《ぶきみ》な声《こえ》と、黒髪《くろかみ》の女《おんな》が立《た》っているすがたが、何度《なんど》も、目撃《もくげき》されていたらしい。

しかもその女《おんな》は、すーっとあらわれては消《き》えるので、みんなお化《ば》けだとうわさしていた。それからまもなくして、男《おとこ》の人《ひと》が亡《な》くなったので、みんな、その女《おんな》の呪《のろ》いだと怖《こわ》がったんだって。

そんな怖《こわ》い女《おんな》が、今《いま》またあらわれるなんて、成仏《じょうぶつ》していない証拠《しょうこ》だよ。ちゃんとお清《きよ》めして成仏《じょうぶつ》させないと、必《かなら》ず災《わざわ》いがかかるって！

ひとし、とりあえず階段《かいだん》には近《ちか》づくな。今《いま》もきっと黒髪《くろかみ》の女《おんな》が、おまえをじっと見《み》て、ねらってるぞ！

家《いえ》の中《なか》にもいないほうがいいんじゃないのか？　この留守電《るすてん》聞《き》いたら、ひろみくんつれて、外《そと》出《で》ろよ。

いいか、ひとし？　わかったか？

（ピーーーーー）

93

# 顔《かお》を洗《あら》おう

自分《じぶん》の家《いえ》って、なんの心配《しんぱい》もしなくていい、安心《あんしん》のできる場所《ばしょ》なんじゃないの？　お父《とう》さんとお母《かあ》さんがいて、温《あたた》かいご飯《はん》があって。家《いえ》ってそんな場所《ばしょ》だと思《おも》ってた。なのに、なんでこうなっちゃったんだよ。

「もうっ！　なにもかもいやだ！　なんとかしてくれ！」

頭《あたま》をかきむしった。にげ出《だ》したい気分《きぶん》だけど、ひろみもいるから落《お》ちつかなくちゃ。なにかあったときはぼくが守《まも》ってやらないといけないもんな。

「ちょっとぼく、顔洗《かおあら》ってくるよ」

冷《つめ》たい水《みず》で顔《かお》を洗《あら》ってすっきりしよう。そう思《おも》って洗面所《せんめんじょ》にむかった。

「しょう」の部屋《へや》は見《み》ないふりをした。

わざといきおいよく水《みず》を出《だ》して、ジャブジャブ。石《せっ》けんをあわ立《だ》てて、強《つよ》めに顔《かお》をこすった。さっきの留守電《るすでん》を思《おも》い出《だ》さずにはいられない。トイレにふく冷《つめ》たい風《かぜ》。桜井《さくらい》さんはなに者《もの》？　そして階段《かいだん》の女《おんな》は……。ジャブジャブジャブ……。

そのとき、ふと、だれかがうしろにいるような気《き》がした。あわだらけで目《め》を開《あ》けることができないけれど、だれかが、そこに、いる。

耳元《みみもと》で静《しず》かな声《こえ》が聞《き》こえた。

――ねえ、知《し》らなかったの？　顔《かお》を洗《あら》っているときや髪《かみ》を洗《あら》っているときに、怖《こわ》い話《はなし》を思《おも》い出《だ》しちゃいけないっていってことを。そんなことをしたら、わたしを呼《よ》び出《だ》すことになるわ。そして、目《め》を開《あ》けたとき、わたしと目《め》があうの。そのとき、あなたの命《いのち》は終《お》わる……。

聞《き》きおぼえのない声《こえ》だ。だれだかわからない。そもそも、いつのまに、だれか来《き》たんだ？　目《め》を開《あ》けると、目《め》があうって？

ぼくは両手《りょうて》で顔《かお》をおおってうつむいたまま、固《かた》まっていた。もう、とっくに顔《かお》は洗《あら》い終《お》わっていた。ただ、怖《こわ》くて動《うご》けなかったんだ。目《め》を開《あ》けられない。でも、いつまでもこうしているわけにもいかない。

どうしよう、どうしよう。

しばらくそうしていると、よく知《し》った声《こえ》が聞《き》こえた。

「なーんてな。おまえ、本当《ほんとう》に怖《こわ》がりだなあ。霊《れい》なんているわけないだろ。わはは」

それは、お父《とう》さんの声《こえ》だった。そうだよな。霊《れい》なんているわけない。怖《こわ》がってるわけないじゃん、って言《い》い返《かえ》すつもりで、ぼくはガバッと顔《かお》を上《あ》げた。

すると、目《め》の前《まえ》にさかさまの女《おんな》の子《こ》の顔《かお》があって、そいつは、ニヤニヤしながらぼくの顔《かお》をのぞきこんでいた。

「ウフフ。目《め》があった♪」

94

# クローゼットのすきま

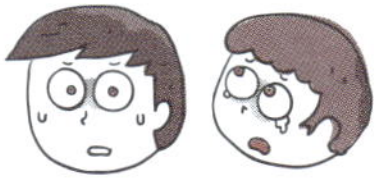


兄《にい》ちゃんが顔《かお》を洗《あら》いにいったままもどってこないから、ぼくは自分《じぶん》の部《へ》屋《や》で待《ま》つことにした。階段《かいだん》を通《とお》るのは怖《こわ》かったけど……でも、やっぱり自《じ》分《ぶん》の部屋《へや》が一番落《いちばんお》ちつくよ。

落《お》ちつくと言《い》えば、クローゼット。小《ちい》さいころから、よく入《はい》っていたせいかなあ。おこられたときとかによくにげこんでいたし、おかしを持《も》ちこんで、こっそり食《た》べたこともあったな。ぼくの、ひみつ基地《きち》みたいなもん。

クローゼットのとびらをギィと開《あ》けた。ハンガーにかかった洋服《ようふく》のあいだに体《からだ》をねじこむと、洗《せん》たく物《もの》のいいにおいがする。

内《うち》がわからとびらを閉《し》めるのも楽《たの》しいんだ。「ギギギ、カチャ」って音《おと》を聞《き》くと、もうこのとびらは二度《にど》と開《あ》かないような気分《きぶん》になる。だれかが外《そと》から開《あ》けてくれないかぎり、けっして開《あ》けられないとびら。

――ギギギ、カチャン

うん、このしゅんかんが、怖《こわ》くて楽《たの》しい。

とびらのすきまから、外《そと》のようすをこっそりと見《み》る。「ひろみー」って、ぼくを部屋《へや》に呼《よ》びにくるママのようすをのぞくのも好《す》きだった。

そういえば、家《いえ》の中《なか》がなんか変《へん》だけど、ママはどこだろう。そんなことを考《かんが》えていたら、部屋《へや》に入《はい》ってくる人《ひと》がいた。

「夕《ゆう》ご飯《はん》よー」

ママだ！　なーんだ、どこかにいたんだ。いなくなったのかと思《おも》っちゃった。

ぼくはクローゼットのとびらをおし開《あ》けようとした。でも、びくとも動《うご》かなかった。戸《と》と戸《と》のつぎ目《め》をおせば、開《あ》くはずなのに。

こぶしをにぎりしめて、とびらをドンドンたたく。

「ママ！　ぼく、ここだよ！」

声《こえ》は出《で》ているのに、外《そと》には聞《き》こえていないようだった。

「ひろみ？　あら、いないのかしら」

「ママ、ここだよ」

そう言《い》って部屋《へや》に入《はい》ってきたのは、どう見《み》てもぼくだった。ぼくのニセモノ？　だれだ？　ニセモノのぼくは、ママのこしにだきついて「おなかすいたよー」と言《い》った。

「はいはい、手《て》を洗《あら》ってらっしゃい。ご飯《はん》できてるわよ」

「はーい」

ちょっと待《ま》って、ぼくはここだよ。

「ママ！　ぼくはここだよ！　そいつはニセモノだ！」

ありったけの声《こえ》を出《だ》したけれど、なぜかクローゼットの外《そと》にはとどいていない。とびらをおしてもけってても開《あ》かない。

ママとニセモノのぼくは幸《しあわ》せそうに笑《わら》いながらクローゼットに背《せ》をむけた。ニセモノのぼくが部屋《へや》を出《で》ていくとき、ちらっとこっちを見《み》てフフフと笑《わら》ったような気《き》がした。

# 間《ま》取《ど》り図《ず》

## 95 体《からだ》の洗《あら》い方《かた》

おふろで体《からだ》を洗《あら》うとき、いつもとぎゃくの順番《じゅんばん》で洗《あら》うと、体《からだ》がくさりはじめる。ぎゃくの順番《じゅんばん》で洗《あら》うのは、死体《したい》の洗《あら》い方《かた》だからだ。

## 96 目《め》を閉《と》じる前《まえ》に

夜《よる》、ねむりにつく前《まえ》に部屋《へや》の四《よ》すみを見《み》つめてみよう。その晩《ばん》、きっと金《かな》しばりにあう。ねるときにかけぶとんをつかわなければ、確実《かくじつ》だ。

# 家《いえ》の

2階《かい》

## 97 白《しろ》い女《おんな》

家《いえ》でつめを切《き》っているときには、中断《ちゅうだん》してトイレに行《い》ってはいけない。そのあと白《しろ》い女《おんな》が君《きみ》の部屋《へや》にあらわれるから。女《おんな》の用事《ようじ》は、君《きみ》の手《て》を切《き》り落《お》とすことだ。

## 98 もうひとりの自分《じぶん》

ふだんは見《み》つけにくいが、家《いえ》の中《なか》には必《かなら》ずもうひとりの自分《じぶん》がいる。ベッドの下《した》にひそんでいることが多《おお》いので、ときおりのぞいてみるといいだろう。

# 99 三面鏡《さんめんきょう》のひみつ

運転手《うんてんしゅ》

みなさん、自分《じぶん》の家《いえ》の中《なか》にいると安心《あんしん》できるとか、家《いえ》はぜったいに安全《あんぜん》な場所《ばしょ》だなんて思《おも》っていませんか？　ウヒヒ、そんなわけないですよ！　ふだんは気付《きづ》かないでしょうけれど、あなたの家《いえ》の中《なか》にも、怖《こわ》いものはたくさんあるのです。あなたが鈍感《どんかん》だから気付《きづ》かないだけで、本当《ほんとう》はたくさんあるんですよ。あ、あなたが鈍感《どんかん》だなんて、本当《ほんとう》のことを言《い》ってスミマセンね。ウヒ。

たとえばかがみ。みなさんの家《いえ》にも、かがみがあるでしょう？　三面鏡《さんめんきょう》をお持《も》ちの家《いえ》もあるでしょう。

三面鏡《さんめんきょう》って、ひとつのかがみの両《りょう》がわに、角度《かくど》がかえられるかがみがひとつずつ、つながっているものです。まるで、霊《れい》がこちらの世界《せかい》へ入《はい》って来《く》るための、とびらのような形《かたち》ですね、ウヒヒヒヒ。洗面所《せんめんじょ》のかがみが、このつくりになっているお宅《たく》もあるでしょう。

三面鏡《さんめんきょう》は左右《さゆう》のかがみをむき合《あ》わせると、三《みっ》つのかがみが反射《はんしゃ》して、合《あ》わせかがみになりますから、自分《じぶん》の顔《かお》がくり返《かえ》しうつし出《だ》されます。かがみのおくにかがみがうつり、そのまたおくにかがみがうつり……と、永遠《えいえん》に続《つづ》くのです。

その一枚一枚《いちまいいちまい》に、かがみを見《み》ている自分《じぶん》のすがたもうつります。まったく同《おな》じ顔《かお》が、ずうっと見《み》えるのです。どんどん小《ちい》さくなっていく、まったく同《おな》じ自分《じぶん》の顔《かお》。それはそれは、なかなか不気味《ぶきみ》な光景《こうけい》ですよ。ウヒヒ、ゾクゾクします。

都市伝説《としでんせつ》なんかではよく「合《あ》わせかがみにうつる、十三人目《じゅうさんにんめ》の自分《じぶん》は、死《し》ぬときの顔《かお》になっている」などと言《い》いますね。あなたもどこかで聞《き》いたことがあるんじゃないでしょうか。でもね、それって、ただのうわさなんです。

本当《ほんとう》はね、ちがうんですよ。ウヒヒ。ふしぎなことが起《お》こるのは、合《あ》わせかがみじゃなくて、三面鏡《さんめんきょう》なんです。三面鏡《さんめんきょう》のひみつを、特別《とくべつ》にこっそりお教《おし》えしますよ。ウヒヒ、ないしょですよ。

まず、まん中《なか》のかがみの前《まえ》に立《た》って、右《みぎ》のかがみと左《ひだり》のかがみがむき合《あ》うように開《ひら》いて、かがみ同士《どうし》を反射《はんしゃ》させます。見《み》てほしいのは、左《ひだり》がわのかがみです。左《ひだり》がわのかがみにうつっている顔《かお》を、ひとつひとつ、確認《かくにん》してみてください。自分《じぶん》の顔《かお》が、ずうっとおくまでうつっているでしょう？ウヒヒ。

でね、その中《なか》にひとつだけ、たった
ひとつだけ、あなたにほほえみかけて
いる顔《かお》があるはずです。必《かなら》ずあるので、
よくさがしてみてください。さ、一度《いちど》
この本《ほん》をおいて、まじめにさがしてく
ださい。三面鏡《さんめんきょう》のない人《ひと》は、手《て》かがみ
をふたつ用意《ようい》した上《うえ》で、洗面所《せんめんじょ》のかが
みの前《まえ》に立《た》てばいいのです。さ、行《い》っ
てきてください。そして、ほほえんで
いる自分《じぶん》の顔《かお》が見《み》つかったら、ここへ
もどってきてください。ウヒヒヒヒヒ。
はい、いってらっしゃい。

おかえりなさい。ウヒヒヒヒ。どうでした？　見《み》つかりましたか？　見《み》つかったでしょう？

じつは、これを見《み》た人《ひと》はですね、そのときから、かがみを見《み》るたびに、自分《じぶん》のすがたがかわっていくんです。美《うつく》しくなるのかって？　ウヒヒ。どんどん、老《お》いていくようになるんですよ！　ふつうの何倍《なんばい》ものスピードで、年《とし》をとっていくのです。ウヒヒヒヒ。

いやだと言《い》ったって、もう見《み》てしまったのですから手《て》おくれです。ウヒヒヒ！　あなたはこれから、かがみを見《み》るたびに十才《じっさい》、二十才《にじっさい》と、一気《いっき》に年《とし》をとっていくでしょう。そして、あっというまに老人《ろうじん》です。ウヒヒ、人生《じんせい》おつかれさまでしたあ。

本当《ほんとう》かどうか、かがみを見《み》てみますか？　もう一度《いちど》かがみを見《み》てたしかめるか、二度《にど》と見《み》ないかは、あなたの自由《じゆう》ですよ。

ウヒヒ。

さて、そろそろ出発時刻《しゅっぱつじこく》です……。

また、つぎの停留所《ていりゅうじょ》にむかうとしましょう。

怪談《かいだん》バスあの世行《よい》き、出発進行《しゅっぱつしんこう》。ウヒヒ。

●文
ながたみかこ
いしいいくよ
長井理佳
福 明子

●表紙・本文イラスト
森のくじら

●表紙・本文デザイン
鷹觜麻衣子

●編集協力
株式会社 童夢

怪談バス　あの世行き

2015年11月25日　初版発行

編　者　現代怪談研究会
発行者　佐藤龍夫
発行所　株式会社大泉書店
住所　〒162-0805　東京都新宿区矢来町27
電話　03-3260-4001（代表）　FAX　03-3260-4074
振替　00140-7-1742
URL　http://www.oizumishoten.co.jp
印刷所　ラン印刷社
製本所　明光社



ISBN978-4-278-08531-0　C8076